shí yòng hàn yǔ huì huà
实用汉语会话
Practical Mandarin Conversation

编著：Frank Lee / 李贵立 / 巴中校友

Practical Mandarin Conversation by Frank Lee

ISBN 978-1-952027-26-0 (Paperback)
ISBN 978-1-952027-27-7 (Hardback)

This book is written to provide information and motivation to readers. Its purpose is not to render any type of psychological, legal, or professional advice of any kind. The content is the sole opinion and expression of the author, and not necessarily that of the publisher.

Copyright © 2020 by Frank Lee

All rights reserved. No part of this book may be reproduced, transmitted, or distributed in any form by any means, including, but not limited to, recording, photocopying, or taking screenshots of parts of the book, without prior written permission from the author or the publisher. Brief quotations for noncommercial purposes, such as book reviews, permitted by Fair Use of the U.S. Copyright Law, are allowed without written permissions, as long as such quotations do not cause damage to the book's commercial value. For permissions, write to the publisher, whose address is stated below.

Printed in the United States of America.

New Leaf Media, LLC
175 S. 3rd Street, Suite 200
Columbus, OH 43215
www.thenewleafmedia.com

pīnyīn zìmǔ yǔ guójì yīnbiāobiǎo
拼音字母与国际音标表

Pinyin Alphabet and International Phonetic Table

声母表 Initials Table

拼音字母 Pinyin alphabet	国际音标 IPA	拼音字母 Pinyin alphabet	国际音标 IPA	拼音字母 Pinyin alphabet	国际音标 IPA
b	[b]	g	[k]	s	[s]
p	[b‘]	k	[k‘]	zh	[tʂ]
m	[m]	h	[x]	ch	[tʂ‘]
f	[f]	j	[tɕ]	sh	[ʂ‘]
d	[t]	q	[tɕ‘]	r	[z]
t	[t‘]	x	[ɕ]	y	[j]
n	[n]	z	[ts]	w	[w]
l	[l]	c	[ts‘]	v	[v]

dānyùnmǔ biǎo
单韵母表 Single Vowel Table

拼音字母 Pinyin alphabet	国际音标 IPA	拼音字母 Pinyin alphabet	国际音标 IPA	拼音字母 Pinyin alphabet	国际音标 IPA
a	[A]	e	[ɤ]	u	[u]
o	[o]	i	[i]	ü	[y]

复韵母表 Compound Finals Table

fù yùn mǔ biǎo

Pinyin alphabet	IPA	Pinyin alphabet	IPA	Pinyin alphabet	IPA
ai	[ai]	ing	[iŋ]	uai	[uai]
ei	[ei]	ia	[ia]	ui（uei）	[uei]
ao	[ɑu]	iao	[iɑu]	uan	[uan]
ou	[ou]	ian	[iæn]	uang	[uaŋ]
an	[an]	iang	[iaŋ]	un（uen）	[uən]
en	[ən]	ie	[iɛ]	ueng	[uəŋ]
in	[in]	iong	[yŋ]	üe	[yɛ]
ang	[ɑŋ]	iou	[iou]	üan	[yæn]
eng	[əŋ]	ua	[ua]	ün	[yn]
ong	[uŋ]	uo	[uo]	ng	[ŋ]

Pinyin and its Four Tones

pīn yīn jí qí sì shēng

拼音及其四声

Chinese_Pinyin is the Romanization of the Chinese characters based on their pronunciation. The International Organization for Standardization (ISO) adopted pinyin as an international standard in 1982. Pinyin is a very useful tool for foreigners especially for English, Indonesian etc. speaking people to study Chinese language and culture. There are four tones in Chinese Pinyin, namely high level (<u>first tone</u>), rising (<u>second tone</u>), falling rising (<u>third tone</u>), and falling (<u>fourth tone</u>).

拼音是中文字母发音的罗马式拼法。国际标准化组织(ISO)于 1982 年采用了 pinyin 法作为国际标准。中文 Pinyin 法对于外国人尤其是讲英语,印尼语等学者学习和研究中国语言及文化是一个很有用的工具。中国拼音有四种声调,即:高水平声调,上升声调,降低升声调以及降声调。

Chinese Four Tones

汉语的四声

CHINESE TONES	中文声调	ma	
Chinese Character 中文（字符）	Tone symbol 声调符号	Tone description 声调描述	English gloss 英文注释
mā 妈	ˉ	High level 高水平声调	mother
má 麻	ˊ	High rising 高升声调	hemp
mǎ 马	ˇ	Low falling rising 低降升声调	horse
mà 骂	ˋ	High falling 高降声调	scold

Pinyin uses either numbers or tone marks to indicate tones

在拼音中我们利用数字或者声调符号表示音调：

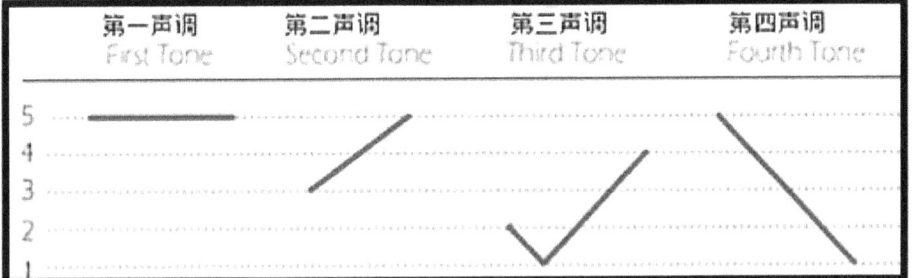

Contents

1. wènhòu dǎzhāohu
   问候/打招呼 Greeting — 10

2. zàikètángshàng
   在课堂上 In the Classroom — 13

3. mǎidōngxī gòuwù
   买东西/购物 Shopping — 16

4. shíjiānhérìqī
   时间和日期 Time and Date — 20

5. tiānqì
   天气 Weather — 24

6. zhù lǚ guǎn
   住旅馆 Stay in the Hotel — 28

7. zàicānguǎn lǐ
   在餐馆里 In the Restaurant — 31

8. zàiyóujú
   在邮局 At the Post Office — 41

9. zàiyínháng
   在银行 At the Bank — 45

10. zàitúshūguǎn lǐ
    在图书馆里 In the Library — 49

11. zàihuǒchēzhàn
    在火车站 At the Railway Station — 53

12. wènlù
    问路 Asking the Way — 57

13. 乘车 (chéngchē) Taking Buses and Taxis — 61
14. 看病 (kànbìng) Seeing the Doctor — 64
15. 约会 (yuēhuì) Making Appointments — 68
16. 打电话 (dǎdiànhuà) Making Telephone Calls — 72
17. 体育 (tǐyù) Sports — 76
18. 游览 (yóulǎn) Sightseeing — 81
19. 中国的节假日 (zhōngguó de jiéjiàrì) Chinese Festivals and Holidays — 85
20. 谈论中国文化 (tánlùn zhōngguó wénhuà) Talking about Chinese Culture — 91

About the Book — 113
About the Author — 116

1

wènhòu / dǎzhāohu
问候/打招呼 Greeting

     nǐhǎo   nínhǎo
1. 你好！/ 您好！'Hi!' / 'Hello!'

     nǐhǎoma
2. 你好吗？'How are you?'

     wǒhěnhǎo   háihǎo
3. 我很好 / 还好。'I am fine.' / 'Not bad.'

     zǎoshang xiàwǔ wǎnshanghǎo
4. 早上/下午/晚上好！'Good morning/afternoon/evening!'

     huānyíng huānyíng
5. 欢迎, 欢迎！'Welcome!'

     gōngxǐnǐ
6. 恭喜你！'Congratulations!'

7. 谢谢。 'Thank you.'
   xièxiè

8. (祝你) 生日快乐/新年 快乐/新年 好! 'Happy birthday/New Year!'
   zhù nǐ shēngrìkuàilè xīnniánkuàilè xīnniánhǎo

9. 祝你健康! 'Here's to your health!'
   zhù nǐ jiànkāng

10. 祝你好运! 'Good luck!'
    zhù nǐ hǎoyùn

11. 圣诞快乐! 'Merry Christmas!'
    shèngdànkuàilè

12. 再见! 'Goodbye!'
    zàijiàn

13. 你/您贵姓? 'May I have your name?'
    nǐ nínguìxìng

14. 我姓李/张 / 我叫... 'My last name is Li/Zhang.' / 'My name is ...'
    wǒxìng lǐ zhāng wǒjiào

15. 见到你,我很高兴。 'I'm very glad to meet you.'
    jiàndào nǐ wǒhěngāoxìng

16. 你/您是哪国人？ 'What's your nationality?'
    nǐ nínshìnǎguórén

17. 请问，现在几点？/ 这是...吗？ 'Excuse me, what time is it?' / 'Is this ... ?'
    qǐngwèn xiànzài jǐdiǎn zhèshì ma

18. 对不起，我该走了。 'Sorry, I've got to go.'
    duìbuqǐ wǒgāizǒule

常用词语 Useful Words and Expressions
chángyòng cíyǔ

先生 'mister'/'Mr', 女士 / 小姐 'lady'/'miss', 工人 'worker', 农民 'peasant', 技术员 'technician', 运动员 'athlete', 医生 'doctor', 护士 'nurse', 官员 'officer', 人民 'people', 澳洲人 'Australian', 晚安 'goodnight', 明天见 / 下次见 'See you tomorrow/next time', 劳驾/对不起 'Excuse me' / 'Sorry', 多谢你啦 'Thank you very much', 不客气 'You're welcome' / 'My pleasure' / 'Don't mention it'.

2
在课堂上 In the Classroom
zài kètángshàng

1. 老师，早上好！ 'Good morning, teacher!'
   lǎoshī zǎoshanghǎo

2. 今天我们学习… 'Today we are learning…'
   jīntiān wǒmen xuéxí

3. 请打开课本，第十五页。 'Please open the textbook to page 15.'
   qǐng dǎkāi kèběn dì shíwǔ yè

4. 请大家跟我念… 'Please follow me in reading…'
   qǐng dàjiā gēn wǒ niàn

5. 请坐/站起来！ 'Sit down/stand up please!'
   qǐng zuò zhànqǐlái

6. 请进/过来！ 'Come in!' / 'Come over please!'
   qǐng jìn guòlái

7. 很好！ 'Very good!'
   (hěnhǎo)

8. 对/不对。 'Right, correct.' / 'Incorrect.'
   (duì búduì)

9. 请读第三句/段。 'Please read the third sentence/paragraph.'
   (qǐngdúdìsānjù duàn)

10. 请问，为什么？ 'May I ask why?'
    (qǐngwèn wèishénme)

11. 请问，这是什么意思？/这字怎么读？ 'Excuse me, what does it mean?' / 'How do you read this word?'
    (qǐngwèn zhèshìshénmeyìsi zhèzìzěnmedú)

12. 请安静！/请大声念！ 'Quiet please!' / 'Please read loudly!'
    (qǐngānjìng qǐngdàshēngniàn)

13. 请大家预习/复习第五课。 'Please, everyone, prepare/review lesson 5.'
    (qǐngdàjiāyùxí fùxídìwǔkè)

14. 我懂/不懂。 'I understand/don't understand.'
    (wǒdǒng bùdǒng)

15. 请再解释一遍好吗？ 'Please explain it again, all right?'

qǐng zài jiěshì yībiàn hǎo ma

16. 还有什么问题吗？随便问。 'Are there any questions? Feel free to ask.'

háiyǒu shénme wèntí ma   suíbiàn wèn

17. 今天就到这儿。 'That's all for today.'

jīntiān jiù dào zhèer

常用词语 Useful Words and Expressions
chángyòng cíyǔ

白板 'whiteboard', 纸 'paper', 铅笔 'pencil', 钢笔 'pen', 圆珠笔 'ball pen', 文章 'article', 论文 'thesis'/'paper', 电脑,计算机 'computer', 笔记本电脑 'laptop computer', 平板电脑 'tablet' (computer), 上课 / 下课 'attend class', 'have one's class' / 'class is over', 学生 / 同学 'student'/'classmate', 笔记本 'notebook'.

báibǎn, zhǐ, qiānbǐ, gāngbǐ, yuánzhūbǐ, wénzhāng, lùnwén, diànnǎo jìsuànjī, bǐjìběn diànnǎo, píngbǎn diànnǎo, shàngkè, xiàkè, xuéshēng, tóngxué, bǐjìběn

3

mǎi dōngxī / gòuwù
买东西/购物 Shopping

1. kěyǐ bāng nǐ ma / wǒ néng bāng nǐ ma
   可以帮你吗？/ 我能帮你吗？ 'May/can I help you?'

2. suíbiàn kànkan
   随便看看。 'I'm just looking.'

3. nǐ yǒu méi yǒu
   你有没有...? 'Do you have...?'

4. wǒ kěyǐ kàn yíxià / shì yī shì ma
   我可以看一下/试一试吗？ 'May I have a look/try it?'

5. nǐ yào duō dà chǐcùn de
   你要多大尺寸的? 'What's your size?'

6. wǒchuān yàoshíèrhàode
   我 穿／要十二号的。 'I wear/want size 12.'

7. duìwǒláishuōtàidà jǐnle
   对我来说太大／紧了。 'It is too large/tight for me.'

8. wǒnéngshìyīshìxiǎo dà yīhàodema
   我能试一试小／大一号的吗？ 'Could I try the next size smaller/larger?'

9. zhègechǐcùnzhènghǎo
   这个尺寸正 好 。 'This is the right size.'

10. zhǐyǒuzhè yīzhǒngyánsèma
    只有这一 种 颜色吗？ 'Is this the only colour you have?'

11. nǐxǐhuanshénmeyàngzǐ páizi yánsède
    你喜欢什么样子／牌子／颜色的？ 'What design/brand/colour do you prefer?'

12. shāowēiànle yìdiǎner
    稍微暗了一点儿。 'It's a bit too dark.'

13. wǒyàozhège
    我要这个。 'I'll take it.'

14. duōshǎoqián
    多 少 钱？ 'How much is it/are they?'

tàiguìle
15. 太贵了！'That's shocking/too expensive!'

nǐnéngjiàngyìdiǎnerjiàmǎ
16. 你能 降 一点儿价码？'Could you reduce your price?'

piányiyìdiǎnerba
17. 便宜一点儿吧。'Can I get a discount?'

zhèshìwǒmendezuìdījiàle
18. 这是我们的最低价了。 'That's our rock-bottom price.'

chángyòng cíyǔ
常用词语 Useful Words and Expressions

mǎi / mài　　　　　　shāngdiàn　　　guìtái
买 / 卖 'buy'/'sell', 商 店 'store', 柜台 'counter',
nánshòuhuòyuán　nǚshòuhuòyuán　　　　　　　　piányide
男售货员/女售货员 'salesman'/'saleswoman', 便宜的
　　　　guìde　　　　　　yīshuāng yīfù　　　　yīpíng
'cheap', 贵的 'expensive', 一 双 / 一 副 'a pair of', 一瓶 'a
　　　　　　zhìliàng　　　　chènshān　　　zhàoshān
bottle of', 质量 'quality', 衬衫 'shirt', 罩衫 'blouse',

领带 lǐngdài 'tie', 耐用的 nàiyòng de 'durable', 羊毛 yángmáo 'wool', 戒指 jièzhi 'finger ring', 罐头食品 guàntóu shípǐn 'canned goods', 标签 biāoqiān 'tag', 最新款式 zuìxīn kuǎnshì 'latest fashion', 书店 shūdiàn 'bookstore', 工艺品 gōngyìpǐn 'crafts', 面包店 miànbāodiàn 'bakery', 肉店 ròudiàn 'butchery', 超级市场 chāojíshìchǎng 'supermarket', 折扣 zhékòu 'discount', 花店 huādiàn 'floral shop', 礼品店 lǐpǐndiàn 'gift shop', 古玩店 gǔwándiàn 'curious shop', 水果店 shuǐguǒ diàn 'fruit shop', 购物中心 gòuwùzhōngxīn 'shopping centre'.

4
shíjiān hé rìqī
时间和日期 Time and Date

jīntiān jǐ hào
1. 今天几号？ 'What's the date today?'

jīntiān shì liù yuè sān hào
2. 今天是六月三号。 'It's 3 June.'

zuótiān shì xīngqī jǐ
3. 昨天是星期几？ 'What day was it yesterday?'

zuótiān shì xīngqī yī
4. 昨天是星期一。 'It was Monday yesterday.'

xiànzài jǐ diǎn le
5. 现在几点了？ 'What time is it now?'

shí yī diǎn le
6. 十一点了。 'It's eleven o'clock.'

gāng guò shí diǎn
7. 刚过十点。 'It's shortly past ten.'

8. shídiǎnguòwǔfēn
   十点过五分。 'It's five past ten.'

9. wǒdebiǎoshìshídiǎnchàyíkè
   我的表是十点差一刻。 'I have a quarter to ten.'

10. xiànzàishìqīdiǎnzhěng
    现在是七点整。 'It's seven o'clock sharp.'

11. wǒdebiǎokuài/mànyìdiǎn
    我的表快/慢一点。 'My watch gains/loses a little.'

12. wǒdebiǎozǒushíhěnzhǔn
    我的表走时很准。 'My watch keeps good time.'

13. wǒdebiǎohuàile
    我的表坏了。 'My watch doesn't work/is out of order.'

14. xiànzàishìjǐyuèfèn
    现在是几月份？ 'What month is this?'

15. xiànzàishìliùyuèfèn
    现在是六月份。 'This is June.'

16. shànggèyuènǐzàinǎli
    上个月你在哪里？ 'Where were you last month?'

17. 我在家 / 我出国了。 'I was at home.' / 'I went abroad.'
   wǒzàijiā   wǒchūguóle

18. 二月份你曾在这里，对不对？ 'You were here in February, weren't you?'
   èryuèfèn nǐcéngzàizhèlǐ   duìbuduì

19. 是，我在这里。/ 不，我没有在这里。 'Yes, I was.' / 'No, I wasn't.'
   shì wǒzàizhèlǐ   bù   wǒméiyǒuzàizhèlǐ

常用词语 Useful Words and Expressions
chángyòng cí yǔ

星期日 (一, 二, 三, 四, 五, 六) 'Sunday (Monday, Tuesday, Wednesday, Thursday, Friday, Saturday)'; 工作日 'working day'; 周末 'weekend'; 一月, 二月, 三月, 四月, 五月, 六月, 七月, 八月, 九月, 十月, 十一月, 十二月 'January', 'February', 'March', 'April', 'June', 'July', 'August', 'September', 'October', 'November', 'December';
xīngqīrì yī èr sān sì wǔ liù
gōngzuòrì
zhōumò   yīyuè èryuè sānyuè sìyuè wǔyuè liùyuè
qīyuè bāyuè jiǔyuè shíyuè shíyīyuè shíèryuè

今天 / 这一周 / 这个月 / 今年 'today'/'this week'/'this month'/'this year'; 两个星期 'fortnight'.

5
tiānqì
天气 Weather

jīntiāntiānqìzěnmeyàng
1. 今天天气怎么样？ 'How is the weather today?'

jīntiāntiānqìhěnhǎo
2. 今天天气很好。 'The weather is nice today.'

jīntiānqìwēnshìduōshǎo
3. 今天气温是多少？ 'What's the temperature today?'

jīntiānxiàwǔdàyuēshèshì   dù
4. 今天下午大约摄氏21度。 'It's about twenty-one degrees Celsius this afternoon.'

zuótiāntiānqìzěnyàng
5. 昨天天气怎样？ 'What was the weather like yesterday?'

zuótiānxià l e yìtiānyǔ
6. 昨天下了一天雨。 'Yesterday it rained all day.'

7. 天气预报怎么说。 'What does the weather forecast say?'
   tiānqì yùbào zěnme shuō

8. 要下大雷暴雨了。 'A thunderstorm is coming up.'
   yào xià dà léibàoyǔ le

9. 看上去要下雨。 'It looks like rain.'
   kàn shàngqù yào xiàyǔ

10. 天气晴朗/多云/下雨/风和日丽。 'It's fine/cloudy/raining/nice and sunny.'
    tiānqì qínglǎng / duōyún / xiàyǔ / fēnghérìlì

11. 天气很好，是吗？ 'A lovely day, isn't it?'
    tiānqì hěn hǎo, shì ma

12. 真是好天气啊。 'It's a glorious day!'
    zhēnshì hǎo tiānqì ā

13. 今天相当冷。 'It's quite cold today.'
    jīntiān xiāngdāng lěng

14. 整个早上都是阴天。 'It's been cloudy all morning.'
    zhěnggè zǎoshang dōu shì yīntiān

15. 天气很暖和/冷/热。 'It's warm/cold/hot.'
    tiānqì hěn nuǎnhuo / lěng / rè

16. 天气逐渐变热/冷起来。 'The days are getting hotter/colder.'
   tiānqì zhújiàn biàn rè / lěng qǐlái

17. 我希望这种天气能维持下去。 'I hope it stays like this.'
   wǒ xīwàng zhè zhǒng tiānqì néng wéichí xiàqù

18. 你觉得我们这儿天气怎样？ 'How do you like our weather?'
   nǐ juéde wǒmen zhèer tiānqì zěnyàng

19. 相当好 / 有点冷。 'Quite good.' / 'It's rather cold.'
   xiāngdāng hǎo / yǒudiǎn lěng

常用词语 Useful Words and Expressions
chángyòng cíyǔ

雾 'fog', 多雨的 'rainy', 有风的 'windy', 雪/下雪 'snow', 干燥的 'dry', 潮湿 'wet', (下) 蒙蒙细雨 'drizzle', 可爱的 'lovely', 下倾盆大雨 'pour', 闷热的 'muggy', 凉爽的 'cool', 阳光明媚 'bright', (风力) 减弱/增大 'to go down/up', 转小雨 (zhuǎnxiǎoyǔ) 'to turn drizzling', 天气预报 (tiānqìyùbào) 'weather forecast', 华氏温标 (huáshìwēnbiāo) (符号为 (fúhàowéi) °F) 'Fahrenheit (sign as °F)'.

6
住旅馆 Stay in Hotel
zhù lǚ guǎn

1. 有空房间/床位吗? 'Have you any rooms/beds vacant, please?'
   yǒu kōng fángjiān chuángwèi ma

2. 我要一个带浴室的单人房间。 'I'd like a single room with a bath.'
   wǒ yào yī gè dài yùshì de dānrén fángjiān

3. 我要一间有一张双人床的房间。 'I'd like a room with a double bed.'
   wǒ yào yī jiān yǒu yī zhāng shuāngrénchuáng de fángjiān

4. 能为我们三个人提供一个房间吗？ 'Do you have a room available for the three of us?'
   néng wéi wǒmen sān gè rén tígōng yī gè fángjiān ma

5. 住多少天？ 'How long will you be staying?'
   zhù duōshǎo tiān

6. 膳宿费一天多少钱？ 'How much is boarding and lodging a day?'
   shànxiǔ fèi yì tiān duōshǎo qián

7. 我想住两晚。 'I'd like to stay for two nights.'
   wǒ xiǎng zhù liǎng wǎn

8. 我们就住一夜。 'We will settle for just one night.'
   wǒmen jiù zhù yī yè

9. wǒyùdìng l e sāntiān d e fángjiān
   我预订了三天的房间。 'I booked a room for three nights.'
10. yǒuhùzhàoma
    有护照吗？ 'May I see your passport?'
11. wǒyàoyùxiānfùkuǎnma
    我要预先付款吗？ 'Shall we pay in advance?'
12. qǐnggěiwǒkànkanfángjiān hǎoma
    请给我看看房间, 好吗？ 'Can I see the room?'
13. lǚguǎn l ǐ yǒucāntīngma
    旅馆里有餐厅吗？ 'Is there a dining room in the hotel?'
14. nǐmenyǒusòngjiǔcàidàofángjiān d e fú wùma
    你们有送酒菜到房间的服务吗？ 'Do you have room service?'
15. nǐmentígōngshénme y ú l è
    你们提供什么娱乐？ 'What sort of amusements do you offer?'
16. zhèfàndiànnéngshàngwǎngma
    这饭店能上网吗？ 'Can I access the Internet at this hotel?'
17. néngbunénghuànfángjiān
    能不能换房间？ 'Can I change my room?'
18. wǒxīwàngnéngzài q ī diǎnzhōngjiàoxǐngwǒ
    我希望能在七点钟叫醒我。 'I'd like a wake-up call at seven.'
19. wǒxiǎngzàizhōngwǔjiézhàng
    我想在中午结账。 'I'm checking out at noon.'
20. néngbunéngbǎzhàngdāngěiwǒ
    能不能把帐单给我？ 'Can I have my bill, please?'

常用词语 chángyòng cíyǔ Useful Words and Expressions

服务员 fúwùyuán 'attendant', 接待 jiēdài 'reception', 饭店 fàndiàn / 酒店 jiǔdiàn / 旅馆 lǚguǎn 'restaurant/hotel', 电梯 diàntī 'lift', 住宿费 zhùsùfèi 'room/accommodation charges', 证明 zhèngmíng 'identification', 登记手续 dēngjì shǒuxù 'check in', 退房 tuìfáng 'check out', 单人 dānrén / 双人房 shuāng rén fáng 'single/twin room', 洗手间 'lavatory/restroom', 牙刷 yáshuā 'toothbrush', 牙膏 yágāo 'toothpaste', 钥匙 yào shi 'key', 保险柜 bǎoxiǎnguì 'safety deposit box/safe', 电视机 diànshìjī 'TV', 空调(机) kōngtiáo jī 'air conditioner', 电风扇 'electric fan', 毛巾 máojīn 'towel', 手纸 shǒuzhǐ / 卫生纸 wèishēngzhǐ 'toilet paper', 吹风机 chuīfēngjī 'hair dryer', 肥皂 féizào 'soap', 香波 xiāngbō 'shampoo', 毛毯 máotǎn 'blanket'.

7
在餐馆里 In the Restaurant
zàicānguǎnlǐ

1. 哪儿有咖啡厅/餐馆？'Where is a cafe/restaurant?'
   nǎeryǒukāfēitīng cānguǎn

2. 招待/小姐,有空桌子吗？'Waiter/Miss, is there a vacant table?'
   zhāodài xiǎojiě yǒukōngzhuōzǐma

3. 几位？'How many are in your party?'
   jǐwèi

4. 四个人。'A table for four people, please.'
   sìgèrén

5. 要等多长时间？'How long is the wait?'
   yàoděngduōchángshíjiān

6. 有什么饮料？'What kind of drinks do you have?'
   yǒushénmeyǐnliào

7. 请给我看看菜单好吗？'Can I see the menu, please?'
   qǐnggěiwǒkànkancàidānhǎoma

8. 我不知道点什么好,还是让你挑吧。'I have no idea. I will let you choose.'
   wǒbùzhīdàodiǎnshénmehǎo háishìràngnǐtiāoba

9. 还是让你选的好。'I'd better leave the choice to you.'
   háishìràngnǐxuǎndehǎo

10. qǐnggěiwǒ　yīwǎn　chá yīpíngpíjiǔ
    请 给我（一碗）茶/一瓶 啤酒。 'May I have a cup of tea/bottle of beer, please?'

11. yǒulěngcàima
    有冷菜吗? 'Anything cold?'

12. nínxiǎngchīshénme
    您 想 吃什么？ 'What would you like to eat?'

13. yǒuméiyǒutàocān
    有没有套餐？ 'Do you have a set meal?'

14. láibànjīnshuǐjiǎo
    来半斤水饺。 'I'd like a half *jin*/quarter kilogram of boiled dumplings.'

15. wǒxiǎngyàozhège　nàgecài
    我 想 要这个/那个菜。 'I'll have this/that, please.'

16. wèidàohěnhǎo
    味道很好。 'It tastes good.'

17. wǒméiyǒudiǎnzhègecài
    我没有 点 这个菜。 'I didn't order this.'

18. qǐngjiézhàng
    请 结 账。 'The check, please.'

19. wǒláifù
    我来付。 'I'm going to pay.'

20. qǐnggěiwǒ yīzhāngfāpiào
    请 给我一 张 发 票。 'Please give me the receipt.'

chángyòng cí yǔ 常 用词语 Useful Words and Expressions

预定(房间/座位/桌子) 'reservation (room/seat/table)'; 吃快餐 'to have a snack'; 点菜 'order'; 辣的 'spicy'; 咸的 'salty'; 甜的 'sweet'; 酸的 'sour'; 苦的 'bitter'; 辣椒 'chilli'; 盐 'salt'; 糖 'sugar'; 醋 'vinegar'; 胡椒 'pepper'; 作东, 请客 'treat'; 尝, 喝, 吃 'taste'; 饿的 'hungry'; 清淡 'plain'; 油腻 'greasy'; 太辣了 'too spicy'; 早饭 'breakfast'; 中饭 'lunch'; 晚饭 'supper'; 正餐, 宴会 'dinner'; 汤 'soup'; 牛肉 'beef'; 猪肉 'pork'; 羊肉 'lamb'; 鱼 'fish'; 汁 'juice'; 酱 'soy sauce'; 蕃茄酱 'tomato ketchup'; 三明治 'sandwich'; 对虾 'prawn'; 炸鸡 'fried chicken'; 馒头 'steamed bread'; 包子 'steamed buns'; 蒸饺 'steamed dumplings'; 锅贴 'fried dumplings'; 小笼包 'steamed buns'; 红烧肉 'bouilli', 'red cooked pork'; 烧鸡 'roast chicken', 'carbonado'; 烤鸭 'roast duck'; 腌菜, 酸菜 'pickled things'; 春卷 'spring rolls'; 米饭 'rice'; 面包 'bread'; 面条 'noodles'; 土豆 'potato'; 豆腐 'tofu';

汉堡包 'hamburger'; 火锅 'hot pot'; 奶 'milk'; 奶酪 'cheese'; 奶油 'butter'; 好吃 'delicious'; 不好吃 'tastes hard'; 餐后甜点 'dessert'; 果馅糕点 'tart'; 水果 'fruit'; 冰激凌 'ice cream'; 足够 'enough'; 没有胃口 'to have no appetite'.

饮食字典：西餐常用中英文词汇
yǐn shí zì diǎn　xī cān cháng yòng zhōng yīng wén cí huì

'menu' 菜单 (cài dān)

'today's special' 今日特餐 (jīn rì tè cān)

'chef's special' 主厨特餐 (zhǔ chú tè cān)

'entrées' 主菜 (zhǔ cài)

'appetizer' 开胃菜 (kāi wèi cài)

'buffet' 自助餐 (zì zhù cān)

'fast food' 快餐 (kuài cān)

'specialty' 招牌菜 (zhāo pái cài)

'continental cuisine' 欧式西餐 (ōu shì xī cān)

'French cuisine' 法国菜 (fǎ guó cài)

'dim sum' 点心 (diǎn xīn)

'late snack' 宵夜 (xiāo yè)

'hamburger' 汉堡包 (hàn bǎo bāo)

'sandwich' 三明治 (sān míng zhì)

'hot dog' 热狗 (rè gǒu)

'spaghetti' 意大利面条 (miàn tiáo)

'biscuits/crackers/cookies' 饼干 (bǐng gān)

'pancake' 烤饼 (kǎo bǐng) / 薄饼 (bó bǐng)

'pizza' 比薩饼 (bǐ shì bǐng)

'meat pie' 肉馅饼 (ròu xiàn bǐng)

'barley gruel' 大麦粥 (dà mài zhōu)

'oatmeal' 燕麦粥 (yàn mài zhōu)

'buttered toast' 奶油土司 (nǎi yóu tǔ sī)

'French toast' 法国土司 (fǎ guó tǔ sī)

'muffin' 松饼 (sōng bǐng)

'cheesecake' 酪饼 (lào bǐng)

'white bread' 白面包 (bái miàn bāo)

'brown bread' 黑面包 (hēi miàn bāo)

'French roll' 小型法式面包 (xiǎoxíng fǎshì miànbāo)

'butter' 奶油 (nǎi yóu)

'poached egg' 荷包蛋 (hé bāo dàn)

'sunny side up' 煎一面荷包蛋 (jiān yī miàn hé bāo dàn)

'over' 煎两面荷包蛋 (jiān liǎngmiàn hé bāo dàn)

'fried egg' 煎蛋 (jiān dàn)

'over easy' 煎半熟蛋 (jiān bàn shú dàn)

'over hard' 煎全熟蛋 (jiān quán shú dàn)

'scramble eggs' 炒蛋 (chǎo dàn)

'boiled egg' 煮蛋 (zhǔ dàn)

'green salad' 蔬菜沙拉 (shū cài shā lā)

'onion soup' 洋葱汤 (yángcōng tāng)

'potage' 法国浓汤 (fǎ guó nóng)

~ 37 ~

'corn soup' 玉米浓汤 (yù mǐ nóng)

'minestrone' 蔬菜面条汤 (shū cài miàn tiáo tāng)

'oxtail soup' 牛尾汤 (niú wěi tāng)

'fried chicken' 炸鸡 (zhá jī)

'roast chicken' 烤鸡 (kǎo jī)

'ham and egg' 火腿肠 (huǒ tuǐ cháng)

'bacon' 熏肉 (xūn ròu)

'steak' 牛排 (niú pái)

'T-bone steak' 丁骨牛排 (dīng gǔ niú pái)

'filet steak' 菲力牛排 (fēi lì niú pái)

'sirloin steak' 沙朗牛排 (shā lǎng niú pái)

'club steak' 小牛排 (xiǎo niú pái)

'well done' 全熟 (quán shú)

'medium' 五分熟 (wǔ fēn shú)

'rare' 三分熟 (sān fēn shú)

'aperitif' 飯前酒 (shì qián jiǔ)

'beer' 啤酒 (pí jiǔ)

'draft beer' 生啤酒 (shēng pí jiǔ)

'stout beer' 黑啤酒 (hēi pí jiǔ)

'canned beer' 罐裝啤酒 (guànzhuāng pí jiǔ)

'red wine' 紅葡萄酒 (huī pú táo jiǔ)

'gin' 琴酒 (qín jiǔ)

'brandy' 白兰地 (bái lán dì)

'whisky' 威士忌 (wēi shì jì)

'vodka' 伏特加 (fú tè jiā)

'on the rocks' 酒加冰块 (jiǔ jiā bīng kuài)

'rum' 兰酒 (lán jiǔ)

'champagne' 香槟 (xiāng bīn)

'French fries' 炸薯条 (zhà shǔ tiáo)

'baked potato' 烘马铃薯 (hōng mǎ líng shǔ)

'mashed potatoes' 马铃薯泥 (mǎ líng shǔ ní)

'omelette' 煎蛋卷 (jiān dàn juàn)

'pudding' 布丁 (bù dīng)

'pastries' 甜点 (tián diǎn)

'pickled vegetables' 泡菜 (pào cài)

Sponsoring links:

Okami Restaurant of Brooklyn
Natural Birdnest from Indonesia
川霸王 (chuān bà wáng) (New Golden Szechuan).

8
在邮局 At the Post Office
zài yóujú

1. 请问邮局几点钟开门/关门？ 'Excuse me, when does the post office open/close?'
   qǐngwèn yóujú jǐ diǎn zhōng kāimén / guānmén

2. 它提供邮票和汇票业务。 'It offers stamps and postal orders.'
   tā tígōng yóupiào hé huìpiào yèwù

3. 我想买几张/5张二元的邮票。 'I want to buy some/5 two-yuan stamps, please.'
   wǒ xiǎng mǎi jǐ zhāng / zhāng èr yuán de yóupiào

4. 哪里有邮筒？我想寄封信。 'Where is a mail drop? I want to send a letter.'
   nǎlǐ yǒu yóutǒng wǒ xiǎng jì fēng xìn

5. 这个请寄航空。 'I'd like to send this by airmail.'
   zhège qǐng jì hángkōng

6. 我在哪儿可以买到信封和信纸？ 'Where can I buy envelopes and writing paper?'
   wǒ zài nǎer kěyǐ mǎi dào xìnfēng hé xìnzhǐ

7. 我可以买十个航空邮简吗？ 'May I have ten aerogrammes?'
   wǒ kěyǐ mǎi shí gè hángkōng yóujiǎn ma

~ 41 ~

8. zhè fēng xìn jì píngxìn guàhàoxìn
   这封信寄平信/挂号信。 'I want to send this letter by regular/registered.'

9. wǒ xiǎng bǎ zhè yóubāo jì wǎng xīní
   我想把这邮包寄往悉尼。 'I'd like to send this parcel to Sydney.'

10. nǐ néng gěi wǒ chēng yíxià zhège bāoguǒ ma
    你能给我称一下这个包裹吗? 'Can you weigh this package for me?'

11. yóufèi duōshǎo
    邮费多少? 'How much is that package?'

12. néngfǒu gěi wǒ yī zhāng huìkuǎndān
    能否给我一张汇款单? 'Can I get a money order here?'

13. wǒ xiǎng qǔ huìkuǎn
    我想取汇款。 'I'd like to cash this money order.'

14. zhè bāoguǒ hángkōng jì dào běijīng yào duō cháng shíjiān
    这包裹航空寄到北京要多长时间? 'How long does it take to send this parcel to Beijing by airmail?'

15. zhège kěyǐ zuò yìnshuāpǐn yóujì ma
    这个可以作印刷品邮寄吗? 'Can it go as printed matter?'

16. qǐng bǎ yóupiào tiē zài xìnfēng de yòu shàngjiǎo
    请把邮票贴在信封的右上角。 'Stick the stamps on the upper-right corner of the envelope, please.'

17. zuìhòu yī cì kāixiāng qǔxìn shì shénme shíjiān
    最后一次开箱取信是什么时间? 'What time is the last pickup?'

18. wǒ xiǎng fā chuánzhēn diànzǐyóujiàn
    我想发传真/电子邮件。 'I'd like to send a fax/an email.'
19. rúguǒ nǐ de diànbào jiājí dehuà yào jiābèi shōufèi de
    如果你的电报加急的话，要加倍收费的。 'If your telegram is urgent, the rate will be doubled.'
20. nǎer kěyǐ fùyìn
    哪儿可以复印？ 'Where can I make copies?'

常用词语 Useful Words and Expressions
chángyòng cíyǔ

邮寄 'post', 'mail'; 明信片 'postcard'; 普通的 'regular';
yóujì — *míngxìnpiàn* — *pǔtōng de*

航空邮件 'air mail'; 挂号 'register'; 印刷 'print';
hángkōng yóujiàn — *guàhào* — *yìnshuā*

邮费/邮资 'postage'; 紧急的 'urgent'; 外国的 'overseas';
yóufèi/yóuzī — *jǐnjí de* — *wàiguó de*

地址 'address'; 贴 'stick'; 海外邮件 'overseas mail';
dìzhǐ — *tiē* — *hǎiwài yóujiàn*

普通邮件 'regular/surface mail'; 挂号信 'registered letter';
pǔtōngyóujiàn — *guàhàoxìn*

通过电报方式 'by telegraph'; 夜间快递 'overnight express';
tōngguò diànbào fāngshì — *yèjiān kuàidì*

邮政编码 'postal code/zip code'; 圣诞贺卡
yóuzhèngbiānmǎ — *shèngdàn hèkǎ*

'Christmas card'; 生日贺卡 shēngrì hèkǎ 'birthday card'; 节日贺卡 jiérì hèkǎ 'holiday card/greeting card'; 费用 fèiyòng 'cost'; 计费 jìfèi 'charging'; 额外费用 éwài fèiyòng 'extra charge'; 递送 dìsòng 'deliver'.

9
在银行 At the Bank
zài yínháng

1. 我想开个户头。 'I'd like to open an account.'
   wǒ xiǎng kāi gè hùtóu

2. 您想开哪种账户？ 'What kind of account do you want?'
   nín xiǎng kāi nǎ zhǒng zhànghù

3. 请开一个活期/定期账户。 'A current/fixed account, please.'
   qǐng kāi yī gè huóqī / dìngqī zhànghù

4. 开一个储蓄账户要办什么手续？ 'What's the procedure for opening a savings account?'
   kāi yī gè chǔxù zhànghù yào bàn shénme shǒuxù

5. 您带身份证或护照了吗？ 'Did you bring your ID card or passport?'
   nín dài shēnfènzhèng huò hùzhào le ma

6. 储蓄存款的年息是多少？ 'What is the annual interest rate for the savings account?'
   chǔxù cúnkuǎn de niánxī shì duōshǎo

7. 我想在我的帐户上存入200澳元。 'I want to deposit A$200 in my account.'
   wǒ xiǎng zài wǒ de zhànghù shàng cúnrù àoyuán

~ 45 ~

néng gàosù wǒ nín de zhànghào ma
8. 能告诉我您的账号吗? 'Can you tell me your account number?'

àoyuán gòu kāi yī gè zhīpiào zhànghù ma
9. 50澳元够开一个支票账户吗? 'Is a A$50 deposit enough for opening a check account?'

qǐng bǎ wǒ zhè zhāng huìkuǎndān duìxiàn
10. 请把我这张汇款单兑现。 'I want to cash this money order, please.'

láojià wǒ xiǎng bǎ àoyuán huànchéng rénmínbì
11. 劳驾,我想把澳元换成人民币。 'Excuse me, I'd like to exchange some Australian dollars for renminbi.'

nín yào huàn duōshǎo
12. 您要换多少? 'How much do you want to change?'

jīntiān de duìhuànlǜ shì duōshǎo
13. 今天的兑换率是多少? 'What's the exchange rate today?'

duìhuànlǜ bǐjià shì yī bǐ wǔdiǎnliùsān
14. 兑换率/比价是一比五点六三。 'The (exchange) rate is 1 : 5.63.'

qǐng nín xiān tián yī zhāng duìhuàndān
15. 请您先填一张兑换单。 'Fill in the exchange form first, please.'

néngfǒu gěi wǒ yìxiē miànzhí jiào xiǎo de zhǐbì yìngbì
16. 能否给我一些面值较小的纸币/硬币? 'Can you give it to me in small notes/coins?'

qǐng shāo děng zhè shì nín de qián
17. 请稍等。这是您的钱。 'Wait a moment, please. Here is your money.'

18. 您能告诉我怎么用自动取款机吗？ 'Can you tell me how to use the ATM, please?'
    nín néng gào sù wǒ zěn me yòng zì dòng qǔ kuǎn jī ma

19. 好的，请输入你的(银行)卡，然后输入你的密码。 'Yes, please enter your (bank) card, then enter your password.'
    hǎo de qǐng shū rù nǐ de yín háng kǎ rán hòu shū rù nǐ de mì mǎ

20. 对不起，密码不对，请再试试。 'Sorry, your password is incorrect. Please try again.'
    duì bu qǐ mì mǎ bú duì qǐng zài shì shi

常用词语 Useful Words and Expressions
chángyòng cíyǔ

存款 'savings'; 支票 'check'/'cheque'; 兑换 'change'/'convert'; 外国的 'foreign'; 纸币 'note'; 货币 'currency'; 支付 'payment'; 结余，平衡 'balance'; 手续程序 'procedure'; 钱 'money'; 汇款 (额) 'remittance'; 贷款 'loan'; 缴费 'pay', 'payment'; 证书，单据 'certificate'; 值 'worth'; 签名/签字 'signature'; 钞票 'bank note'; 定期存折 'fixed-deposit certificate'; 抵押 'mortgage'; 到期日 'due date'; 利息 'interest'; 年息

'annual interest rate'; 兑换卷 *duìhuànjuǎn* 'foreign exchange certificate'; 信用证 *xìn yòng zhèng* 'letter of credit'; 旅行支票 *lǚ xíng zhī piào* 'traveller's cheque'; 活期存款 *huó qī cún kuǎn* 'current deposit'; 定期存款 *dìng qī cún kuǎn* 'fixed deposit'; 保险箱 *bǎoxiǎnxiāng* 'safe deposit box'; 结账 *jiézhàng* 'closing account'; 值班经理 *zhíbān jīnglǐ* 'duty manager'; 咨询 *zīxún* 'consult'; 银行职员 *yínhángzhíyuán* 'bank clerk'; 办公时间 *bàngōngshíjiān* 'office hours'.

10
在图书馆里 In the Library
zài túshūguǎn lǐ

1. 早上好，我可以帮你吗？ 'Good morning, can I help you?'
   zǎoshanghǎo wǒ kěyǐ bāng nǐ ma

2. 是的, 我想知道如何使用图书馆。 'Yes, I'd like to know how to use the library.'
   shì de wǒ xiǎng zhīdào rúhé shǐyòng túshūguǎn

3. 你要借书需要用借书证来登记。 'All you need is your library card to check out books.'
   nǐ yào jièshū xūyào yòng jièshūzhèng lái dēngjì

4. 请问我怎样可以办借书证？ 'Excuse me, how can I apply for a library card?'
   qǐngwèn wǒ zěnyàng kěyǐ bàn jièshūzhèng

5. 需要你的身份证或驾驶证。 'It needs your ID card or driving licence.'
   xūyào nǐ de shēnfènzhèng huò jiàshǐzhèng

6. 是的。这是我的身份证。 'Yes. Here's my identification card.'
   shì de zhè shì wǒ de shēnfènzhèng

7. 这样就行了。 'That's all you need.'
   zhèyàng jiù xíng le

~ 49 ~

8. túshūmùlùkǎzàinǎerne
   图书目录卡在哪儿呢？'Where are card catalogues?'

9. wǒkěyǐjièjǐběnshū
   我可以借几本书？'How many books may I borrow?'

10. zhèxiēshūwǒkěyǐjièduōjiǔ
    这些书我可以借多久？'How long can I keep the books?'

11. sānzhōu cǐhòukěyǐzàixùjièyīcì
    三周,此后可以再续借一次。'For three weeks. After that, you may renew once again.'

12. túshūguǎnyǒufùyìnjīma
    图书馆有复印机吗？'Are there any copying machines in the library?'

13. nǐnénggàosùwǒnǎlikěyǐzhǎodàoyìshùfāngmiàndeshūma
    你能告诉我哪里可以找到艺术方面的书吗？'Could you show me where I can find the books on arts?'

14. shìde zàinǐdezuǒshǒubiānshūjiàshàng
    是的,在你的左手边书架上。'Yes, on the bookshelf over there to your left.'

15. nǎershìcānkǎoshūyuèlǎnshì
    哪儿是参考书阅览室？'Where is the reference reading room?'

16. tāzàisānlóushàng
    它在三楼上。'It's on the third floor.'

17. duìbuqǐ
    对不起,
    rènhéshíjiānkěbùnéngzàitúshūguǎnlǐxiǎngyòngshípǐnhéyǐnliào
    任何时间可不能在图书馆里享用食品和饮料。

'I'm sorry, but food and beverages can't be consumed in the library at any time.'

18. 如何给这些书办理续借？(rúhé gěi zhèxiē shū bànlǐ xùjiè) 'How can I renew this book?'

19. 你可以在服务台或上网续借。(nǐ kěyǐ zài fúwùtái huò shàngwǎng xùjiè) 'You can renew it on the service desk or online.'

20. 非常感谢。(fēicháng gǎnxiè) 'Thank you very much.'

常用词语 (chángyòng cíyǔ) Useful Words and Expressions

索引 (suǒyǐn) 'index'; 目录 (mùlù) 'catalogue'; 卡片 (kǎpiàn) 'card'; 文章 (wénzhāng) 'article'; 卷,册 (juǎn, cè) 'volume'; 总类 (zǒnglèi) 'general'; 小说 (xiǎoshuō) 'fiction'; 词典,字典 (cídiǎn, zìdiǎn) 'dictionary'; 手册 (shǒucè) 'handbook'; 传记 (zhuànjì) 'biography'; 自传 (zìzhuàn) 'autobiography'; 游记 (yóujì) 'travels'; 便览 (biànlǎn) 'compendium'; 寓言 (yùyán) 'fable'; 神话 (shénhuà) 'myth'; 杂志,刊物 (zázhì, kānwù) 'journal', 'magazine'; 周刊 (zhōukān) 'weekly'; 月刊 (yuèkān) 'monthly'; 季刊 (jìkān) 'quarterly'; 年刊 (niánkān), 年鉴 (niánjiàn) 'annual'; 报纸 (bàozhǐ) 'newspaper'; 文摘 (wénzhāi) 'abstract'; 赠阅的 (zèngyuède) 'complimentary'; 独立无二的 (dúlìwú'èrde) 'independent'; 选集, 文集 (xuǎnjí, wénjí) 'selections'; 回忆录 (huíyìlù) 'memoirist'; 画报 (huàbào) 'pictorial'; 借阅期限 (jièyuè qīxiàn) 'loan period'; 催书通知 (cuī shū tōngzhī) 'overdue notice'; 过期罚款 (guòqī fákuǎn) 'overdue fine'.

11
在火车站 At the Railway Station

1. 请给我一张去芜湖的卧铺来回票。'Give a sleeper return ticket to Wuhu, please.'
2. 我可以预订直达上海的车票吗？'Can I book through to Shanghai?'
3. 有去苏州的卧铺票吗？'Are there any sleepers for Suzhou?'
4. 单程还是双程(来回)票？'Single or return?'
5. 硬座/软席/硬卧还是软卧？'Hard seat, soft seat, hard berth (sleeper), or soft berth?'
6. 上午8：40的车, 每张票￥278。'There is 8:40 a.m. The price is RMB278 for each ticket.'
7. 我们在哪个站台上车？'Which platform is ours?'

8. 火车几点开？ huǒchē jǐ diǎn kāi 'When does the train leave?'

9. 我需要换车吗？ wǒ xūyào huàn chē ma 'Do I have to change?'

10. 到三号站台怎么走？ dào sān hào zhàntái zěnme zǒu 'How can I get to platform 3?'

11. 火车抵达哈尔滨是几点？ huǒchē dǐdá hā'ěrbīn shì jǐ diǎn 'What time does it (the train) reach Harbin?'

12. 售票处通常提前3天出售车票。 shòupiào chù tōngcháng tíqián tiān chūshòu chēpiào 'The booking office usually sells tickets three days in advance.'

13. 这个座位空着吗？/我可以坐在这儿吗？ zhège zuòwèi kōngzhe ma / wǒ kěyǐ zuò zài zhèr ma 'Is this seat vacant?' / 'May I sit here?'

14. 请把手提箱放在行李架上。 qǐng bǎ shǒutíxiāng fàng zài xínglijià shàng 'Please put the suitcase on the luggage rack.'

15. 行李架已经塞满了。 xínglijià yǐjīng sāi mǎn le 'The luggage rack is full.'

16. 我在哪儿能找到列车长？ wǒ zài nǎr néng zhǎodào lièchēzhǎng 'Where can I find the train chief?'

17. 餐车在哪儿/午饭几点开始？ cānchē zài nǎr / wǔfàn jǐ diǎn kāishǐ 'Where is the dining car?' / 'What time does the lunch start?'

18. 前往西安的旅客请上车，火车就要开了。 qiánwǎng xī'ān de lǚkè qǐng shàng chē / huǒchē jiù yào kāi le 'All aboard for Xi'an. The train is leaving.'

wǔhàn dào guìlín de kuài chē piào duōshǎo qián

19. 武汉到桂林的快车票多少钱？'How much is the price of the express train of route Wuhan–Guilin?'

yí lù píngān zàijiàn   lǚtú yúkuài

20. 一路平安,再见！/ 旅途愉快！'Bon voyage!' / 'Have a good trip!'

chángyòng cíyǔ
常用词语 Useful Words and Expressions

huǒchē   tiěguǐ   lǚkè   xíngli
火车 'train', 铁轨 (railway) 'track', 旅客 'passenger', 行李

        zhànzhǎng   fúwùtái   zīxún tái
'luggage', 站长 'station master', 服务台, 咨询台

          shīwù zhāolǐng chù
'information desk', 失物招领处 'lost-property office',

jǐngwèi   shǒutuīchē   chēfèi
警卫 'guard', 手推车 (luggage) 'trolley', 车费 'fare',

zài shàng chē chuán fēijī   jiǎn piào yuán
在 / 上（车，船，飞机）'aboard', 检票员 'ticket

          zhíjiē dá de   chāozhòng de
inspector', 直接(达)的 'direct', 超重(的) 'overweight',

bìxū de   kuài chē   mànchē
必需的 'necessary', 快（车）'express', 慢车 'stopping

          zhídá lièchē   fèiyòng   hòu chē shì
train', 直达列车 'through train', 费用 'charge', 候车室

            wǎndiǎn   shàng xiàchē
'waiting room', 晚点 'delay', 上 / 下车 'to get on/off',

站台票 zhàntáipiào 'platform ticket', 半价票 bàn jià piào 'half-price ticket', 托运费 tuōyùn fèi 'charge for delivery', 时刻表 shíkèbiǎo 'timetable', 车厢 chē xiāng 'carriage'.

12
问路 Asking the Way
wènlù

1. 劳驾/麻烦一下。 'Excuse me.'
   láojià máfanyíxià

2. 是，我能帮你吗？ 'Yes, can I help you?'
   shì wǒnéngbāng nǐ ma

3. 对不起，先生，能问你一件事吗？ 'Excuse me, sir, can you give me some information?'
   duìbuqǐ xiānshēng néngwèn nǐ yī jiànshìma

4. 您能告诉我去中国城怎么走吗？ 'Could you tell me how to get to Chinatown?'
   nínnénggàosùwǒ qù zhōngguóchéngzěnmezǒuma

5. 你能告诉我怎样到这个地址吗？ 'Can you tell me how to get to this address?'
   nǐ nénggàosùwǒzěnyàngdàozhègedìzhǐma

6. 请问最近的邮局在哪个方向？ 'Excuse me, which direction is the nearest post office?'
   qǐngwènzuìjìndeyóujúzàinǎ ge fāngxiàng

7. 去车站是走这条路吗？ 'Is this the right way to the station?'
   qùchēzhànshìzǒuzhètiáo lù ma

8. 一直往前过两个马路就是。 'It's two streets straight ahead.'
   yìzhíwǎngqiánguòliǎnggè mǎlùjiùshì

~ 57 ~

9. cóngzhèerzǒushífēnzhōngjiùdào
   从这儿走十分钟就到。'It's only a ten-minute walk from here.'

10. lízhèeryuǎnma
    离这儿远吗？'Is it far from here?'

11. jiùzàiguǎijiǎochù
    就在拐角处。'It's just around the corner.'

12. jiùzàitúshūguǎnduìmiàn
    就在图书馆对面。'It's opposite the library.'

13. yánzhezhètiáoxiǎolùzǒudàyuē mǐ
    沿着这条小路走大约200米。'Follow this path for about two hundred metres.'

14. jiùzàiguāngmíngchāoshìpángbiān
    就在光明超市旁边。'It's next to the Guangming Supermarket.'

15. guòleshízìlùkǒu dàodìyīlùkǒujiùxiàngyòuguǎi
    过了十字路口，到第一路口就向右拐。'Turn to the right at the first crossing after the crossroad.'

16. zàijiēdeyòumiàn
    在街的右面。'It's on the right side of the street.'

17. wǒdìyīcìláizhèlǐ wǒduìzhèlǐhěnshēngshū
    我第一次来这里/我对这里很生疏。'I'm a stranger here. / I'm new around here.'

18. háiyǒubiédelùkězǒuma
    还有别的路可走吗？'Is there any other way?'

19. chéngdiàntīdàoshíjiǔcéng
    乘电梯到十九层。'Take the lift to the nineteenth floor.'

20. nǐděhuànliǎngcìchē
    你得换两次车。'You have to change buses twice.'

常用词语 Useful Words and Expressions
chángyòng cí yǔ

街道 'street'; 路 'road', 'way'; 一直 'straight'; 向前 'ahead'; 街区 'block'; 对面的 'opposite'; 公里 'kilometre'; 英里 'mile'; 小路 'path'; 十字路口 'crossroad'; 陌生人 'stranger'; 公共汽车站 'bus stop'; 建筑物 'building'; 公园 'park'; 游戏场 'playground'; 路标 'signpost'; 在左/右边 'on the left/right side'; 叫一辆出租车 'to call a taxi'; 走一大段路 'to walk a long way'; 在...的尽头 'at the end of'; 大约 'about'; 步行 'walk'; 拐角 'corner'; 很远 'far away'; 很近 'very close'; 地铁 'metro'; 人行道 'footpath'; 红绿灯 'traffic light'; 转弯 'make a turn'; 下一站 'next stop'; 前一站 'last stop'; 上车 'get on'; 下车 'get off'; 公共汽车 'bus'; 体育馆 'gymnasium'; 电影院 'cinema'; 麻烦你 'to trouble you'; 正确的 'correct'; 错误的 'wrong'; 行人 'pedestrian'.

13
乘车 Taking Buses and Taxis

1. 这辆公共汽车去动物园吗? 'Does this bus go to the zoo?'
   zhè liàng gōnggòng qìchē qù dòngwùyuán ma

2. 不去,你到延安路就得下车,改乘6路。 'No, you'll have to get off at Yan An Road and take the number 6 bus.'
   bù qù, nǐ dào yán ān lù jiù děi xià chē gǎi chéng 6 lù

3. 要坐多久？ 'How long is the ride?'
   yào zuò duō jiǔ

4. 大约五分钟。 'About five minutes.'
   dàyuē wǔ fēnzhōng

5. 能否告诉我在哪儿下车？ 'Could you please tell me where I should get off?'
   néng fǒu gàosù wǒ zài nǎer xià chē

6. 我想要一张公共汽车的路线图。 'May I have a bus route map?'
   wǒ xiǎng yào yī zhāng gōnggòng qìchē de lùxiàn tú

7. 我乘这趟车去车站对吗？ 'Am I right for the station?'
   wǒ chéng zhè tàng chē qù chēzhàn duì ma

~ 60 ~

8. 我可以转6路车吗？ 'Can I get a transfer to bus number 6?'
   wǒ kěyǐ zhuǎn lù chē ma

9. 到电影院要多少钱？ 'How much should I pay for the fare to the cinema?'
   dào diànyǐngyuàn yào duōshǎo qián

10. 下一站是哪儿？ 'What is the next stop?'
    xià yī zhàn shì nǎer

11. 我们最好叫辆出租车。 'We'd better take a taxi.'
    wǒmen zuìhǎo jiào liàng chūzūchē

12. 有空车吗？ 'Are you free?'
    yǒu kōng chē ma

13. 去哪儿，先生？ 'Where to, sir?'
    qù nǎer xiānshēng

14. 能送我去光明电影院吗？ 'Can you take me to Guangming Cinema?'
    néng sòng wǒ qù guāngmíng diànyǐngyuàn ma

15. 请上车。 'Hop in.'
    qǐng shàng chē

16. 这是单行线吗？ 'Is this a one-way street?'
    zhè shì dānxíngxiàn ma

17. 应付多少钱？ 'How much should I pay?'
    yìngfù duōshǎo qián

18. 计程器上有价格。 'The fare is shown on the metre.'
    jìchéngqì shàng yǒu jiàgé

19. 行李要另外计费吗？ 'Is there an extra charge for suitcases?'
    xíngli yào lìngwài jìfèi ma

20. 不用找（钱）了。 'Keep the change.'
    búyòng zhǎo qián le

常用词语 Useful Words and Expressions
chángyòng cí yǔ

司机 'driver' (sī jī), 公共汽车站 'bus stop' (gōnggòngqìchēzhàn), 火车站 'railway station' (huǒchēzhàn), 交通/运输 'traffic' (jiāotōng/yùnshū), (交通)阻塞 'traffic jam' (jiāotōng zǔsè), 绕道 'detour' (ràodào), 停车(场) 'park' (tíngchē chǎng), 方向 'direction' (fāngxiàng), 速度 'speed' (sùdù), 危险的 'dangerous' (wēixiǎn de), 公路 'highway' (gōnglù), 出租车 'taxi'/'cab' (chūzūchē), 追上 'catch up' (zhuīshàng), 无轨电车 'trolley bus' (wúguǐdiànchē), 通勤者 'commuter' (tōngqínzhě), 林荫道 'avenue' (línyīndào), 骑/乘 'ride'/'take' (qí/chéng), 标志 'token' (biāozhì), 地铁/地下通道 'subway' (dìtiě/dìxiàtōngdào), 旅行 'journey' (lǚxíng), 上车 'to get on' (shàngchē), 下车 'to get off' (xiàchē), 月票 'commuter's pass' (yuèpiào), 排队 'to line up' (páiduì), 减速 'to slow down' (jiǎnsù), 限速 'speed limit' (xiànsù), 海滨 'beach' (hǎibīn), 错路 'the wrong way' (cuò lù), 不贵 'inexpensive' (bù guì), 无限旅行 'unlimited travel' (wúxiànlǚxíng), 预先询问 'to ask in advance' (yùxiānxúnwèn), 小费 'tip' (xiǎofèi), 请勿吸烟 'no smoking' (qǐngwù xīyān), 人行横道 'pedestrian crossing' (rénxínghéngdào), 夜班车 'all-night bus' (yèbān chē), 快车 'express bus' (kuàichē), 小公共汽车 'minibus' (xiǎo gōnggòngqìchē), 游览车 'tourist bus' (yóulǎnchē), 问讯处 (wènxùnchù) 'information office', 售票处 (shòupiàochù) 'booking office', 一日游 (yīrìyóu) 'one-day tour'.

14
看病 Seeing the Doctor
kànbìng

1. 哪儿不舒服？ 'What's the trouble?'
   nǎr bù shūfu

2. 我感到不大舒服。 'I don't feel well.'
   wǒ gǎndào bú dà shūfu

3. 我头痛、发烧。 'I have a headache and fever.'
   wǒ tóutòng fāshāo

4. 我嗓子痛、头有些晕。 'I have a sore throat and feel a bit dizzy.'
   wǒ sǎngzitòng tóu yǒuxiē yūn

5. 我牙痛得厉害。 'I have a terrible toothache.'
   wǒ yátòng dé lìhài

6. 我正在发烧。 'I'm running a temperature.'
   wǒ zhèngzài fāshāo

7. 我感觉要呕吐。 'I feel like vomiting.'
   wǒ gǎnjué yào ǒutù

8. 这种情况有多久了？ 'How long have you been like this?'
   zhè zhǒng qíngkuàng yǒu duōjiǔ le

9. 有两三天了。 'Two or three days now.'
   yǒu liǎng sān tiān le

10. 是从昨天晚上开始的。 'It all began last night.'
    shì cóng zuótiān wǎnshang kāishǐ de

11. 恶心不恶心？ 'Do you feel nausea?'
    ěxin bù ěxin

12. 这种情况已持续近两个星期了。 'It has been hanging about for nearly two weeks.'
    zhè zhǒng qíngkuàng yǐ chíxù jìn liǎng gè xīngqī le

13. 昨天我吐血了。 'I vomited blood yesterday.'
    zuótiān wǒ tù xiě le

14. 要开刀吗？ 'Should I have an operation?'
    yào kāidāo ma

15. 先让我量量你的体温。 'Let me take your temperature first.'
    xiān ràng wǒ liángliang nǐ de tǐwēn

16. 让我给你切切脉。 'Let me feel your pulse.'
    ràng wǒ gěi nǐ qiēqiè mài

17. 注意饮食，要多喝水。 'Be careful of your diet. Drink plenty of water.'
    zhùyì yǐnshí yào duō hē shuǐ

18. 我该怎么办呢？ 'What should I do?'
    wǒ gāi zěnme bàn ne

19. 请几天病假, 不要劳累。 'Take a few days off from work, and don't wear yourself out.'
    qǐng jǐ tiān bìngjià búyào láolèi

20. 每日三次, 每次一片, 饭后服。 'One tablet each time, three times a day after meals.'
    měi rì sān cì měi cì yī piàn fànhòu fú

常用词语 (chángyòng cíyǔ) Useful Words and Expressions

咳嗽 (késou) 'cough', 感冒 (gǎnmào) 'cold', 关节炎 (guānjiéyán) 'arthritis', 支气管炎 (zhīqìguǎnyán) 'bronchitis', 流行性感冒 (liúxíngxìnggǎnmào) 'influenza', 腹泻 (fùxiè) 'diarrhoea', 失眠 (shīmián) 'insomnia', 消化不良 (xiāohuàbùliáng) 'indigestion', 心脏 (xīnzàng) 'heart', 肝脏 (gānzàng) 'liver', 肾 (shèn) 'kidney', 皮肤 (pífū) 'skin', 骨 (gǔ) 'bone', 病,麻烦 (bìng máfan) 'trouble', 头痛 (tóutòng) 'headache', 胃/肚子痛 (wèi/dǔzi tòng) 'stomach ache', 医生/大夫 (yīshēng/dàifu) 'doctor', 头晕 (tóuyūn) 'dizzy', 剧烈 (jùliè) 'terrible', 疼痛 (téngtòng) 'pain', 体温 (tǐwēn) 'temperature', 恶心 (ěxin) 'nausea', 呕吐 (ǒutù) 'vomit', 脉搏 (màibó) 'pulse', 内服药 (nèifúyào) 'medicine', 吃药 (chīyào) 'to take medicine', 打针 (dǎzhēn) 'to be given injection', 治疗 (zhìliáo) 'to take treatment', 动手术 (dòngshǒushù) 'to have an operation', 体格检查 (tǐgé jiǎnchá) 'physical examination', 量血压 (liàng xuèyā) 'to take one's blood pressure', 在...处有痛感 (zài...chù yǒu tònggǎn) 'to have pain in', 针灸 (zhēnjiǔ) 'acupuncture', 中药 (zhōngyào) 'Chinese medicine', 诊所 (zhěnsuǒ) 'clinic', 医院 (yīyuàn) 'hospital', 病愈 (bìngyù) 'to get well', 补牙 (bǔyá) 'to have filling'; X光透视 (X guāngtòushì) 'to be Xrayed', 门诊部 (ménzhěnbù) 'outpatient department', 住院部 (zhùyuànbù) 'inpatient department' 临床医生 (línchuáng yīshēng) 'clinician', 主治医生 (zhǔzhì yīshēng) 'primary care physician'.

15

约会 Making Appointments
yuēhuì

1. 牙科医生今天能给我看病吗？ 'Can the dentist see me today?'
   yákē yīshēng jīntiān nénggěi wǒ kànbìng ma

2. 不，恐怕不行。他要到明天才有空。 'No, I am afraid not. He won't be available until tomorrow.'
   bù, kǒngpà bùxíng. tā yàodào míngtiān cái yǒukōng

3. 你看医生在明天九点半前能给我看病吗？ 'Do you think the doctor could see me before nine thirty?'
   nǐ kàn yīshēng zài míngtiān jiǔdiǎnbàn qián nénggěi wǒ kànbìng ma

4. 最早也得到11点才能看病。 'The earliest would be eleven.'
   zuìzǎo yě déidào diǎn cái néng kànbìng

5. 12:45怎么样？ 'How would twelve forty-five be?'
   zěnmeyàng

6. 等一等，我得查一查。 'Wait a second. I'll have to check.'
   děng yī děng, wǒ déi chá yī chá

7. nǐhǎo qǐngwènwǒkěyǐhéwénlínxiānshēngshuōhuàma
   你好,请问我可以和文林先生说话吗? 'Hello, can I speak to Mr Wenlin, please?'

8. 午餐之前他在开会,我可以转达信息吗? 'He's in a meeting until lunchtime. Can I take a message?'

9. hǎo wǒxiǎngyùyuēqùjiàntā wǒshìlǐyuēhàn
   好,我想预约去见他。我是李约翰。 'Well, I'd like to arrange an appointment to see him, please. It's John Lee here.'

10. qǐngnǐděngyìhuìer wǒyàokànkanrìzhì
    请你等一会儿,我要看看日志。
    nàmenǐshénmeshíhòufāngbiàn
    那么你什么时候方便? 'Could you hold on for a minute? I'll just look in the diary. So when is convenient for you?'

11. rúguǒkěnéngzàixiàzhōumǒugèshíjiān
    如果可能在下周某个时间,
    wǒxiǎngxiàzhōutāyàochūqù
    我想下周他要出去。 'Sometime next week if possible. I gather he's away the following week.'

12. nàme wǒxūyàozàitālíkāizhīqiánqùjiàntā
    那么,我需要在他离开之前去见他,
    nàxiàzhōusānzěnyàng
    那下周三怎样? 'Well, I need to see him before he goes away. So would next Wednesday be okay?'

13. xīngqīsān ràngwǒkànkan zhěnggèshàngwǔtāyàochūqù
    星期三,让我看看,整个上午他要出去。 'Wednesday. Let me see. He's out of the office all morning. But he's free in the afternoon after about three.'

14. 三点很困难。但我可以在四点以后。 'Three o'clock is difficult. But I could make it after four.'

15. 那我们可以预订下周三四点一刻，在俊明先生办公室好吗？ 'So shall we say four fifteen next Wednesday in Mr Junming's office?'

16. 那很好。多谢。 'Yes, that sounds fine. Thanks very much.'

常用词语 Useful Words and Expressions

聊天 'chat', 打断 'interrupt', 方便的 'convenient', 安排 'arrange', 肯定的 'definite', 期望 'expect', 惊奇 'wonder', 想知道 'wonder', 空闲的 'spare', 适合 'suit', 设法 'manage', 处理 'manage', 固定的 'settled', 来客 'visitor', 意外的 'unexpected', 公事约会 'business appointment', 个别会谈 'personal interview', 恐怕不行 'I'm afraid not', 有空的 'available', 最早的 'earliest', 很忙 'very busy', 让我们订

个日期 'Let's make a date', 正在开会 zhèngzài kāihuì 'at a meeting', 我得查一查 wǒ dé cháyīchá 'I'll have to check', 除了...以外 chúle...yǐwài 'except', 下一个, 明(年, 春) xià yī gè, míng (nián, chūn) 'next (year, spring)', 可能不在家 kěnéng bù zài jiā 'might not be home', 改变约会 gǎi biàn yuē huì 'to change the appointment', 取消 qǔxiāo 'to cancel', 没能赴约 méi néng fù yuē 'couldn't keep the appointment', 换个话题 huàn gè huàtí 'to change a subject', 顺便拜访 shùnbiànbàifǎng 'to drop by'.

16
打电话 Making Telephone Calls
dǎ diàn huà

1. 喂。請問王先生在嗎? 'Hello. Is Mr Wang there?'
   wèi qǐngwèn wáng xiānsheng zài má
2. 請等一下。/ 對不起你打錯了。 'Please wait a moment.' / 'I'm sorry, you have the wrong number.'
   qǐng děng yíxià / duìbùqǐ nǐ dǎ cù le
3. 请问是第三年龄大学吗? 'Isn't this University of the Third Age?'
   qǐngwèn shì dì sān niánlíng dàxué ma
4. 不是。 'No, it's not.'
   bú shì
5. 噢，对不起。 'Oh, I'm sorry.'
   ō duìbuqǐ
6. 没关系。 'That's all right.'
   méiguānxi
7. 我可以和林大明说话吗? 'May I please speak to Daming Lin?'
   wǒ kěyǐ hé lín dàmíng shuōhuà ma

8. 这里没有林大明这个人。 'There is no one here by that name.'

zhè lǐ méi yǒu lín dàmíng zhè ge rén

9. 对不起，我打错电话了。 'I'm sorry. I dialled the wrong number.'

duìbuqǐ wǒ dǎ cuò diànhuà le

10. 请问您是哪位？ 'May I ask who's calling, please?'

qǐngwèn nín shì nǎ wèi

11. 我是第三年龄大学的王先生。 'This is Wang with University of the Third Age.'

wǒ shì dìsān niánlíng dàxué de wáng xiānshēng

12. 请你再说一遍好吗？ 'Could you say that again, please?'

qǐng nǐ zài shuō yī biàn hǎo ma

13. 对不起, 我没听清楚。 'Excuse me, but I didn't hear that clearly.'

14. 对不起这么晚打电话来。 'I'm sorry to call you so late.'

duìbuqǐ zhème wǎn dǎ diànhuà lái

15. 能不能告诉我在哪里可以找到李玲？ 'Could you tell me where I can reach Ling Li?'

néng bu néng gàosù wǒ zài nǎlǐ kěyǐ zhǎodào lǐ líng

16. 我可以留言吗？ 'Can I leave a message?'

wǒ kěyǐ liúyán ma

17. 请告诉她 Frank 找她。 'Please tell her Frank called.'

qǐng gàosù tā zhǎo tā

18. 很抱歉。我没听懂你的话。 'I'm sorry. I couldn't follow you.'

hěn bàoqiàn wǒ méi tīng dǒng nǐ de huà

19. 听到这样我很难过。 tīngdào zhèyàng wǒ hěn nánguò 'I'm sorry to hear that.'

20. 谢谢给我回电话，再见。 xièxiè gěi wǒ huí diànhuà, zàijiàn 'Thanks for returning my call. Goodbye.'

常用词语 Useful Words and Expressions
chángyòng cíyǔ

正是 zhèng shì 'Exactly'; 太棒了！ tài bàng le 'Fantastic!'; 好极了！ hǎo jí le 'Great!'; 好的 hǎode 'Okay', 'Very good'; 不！不成！ bù bùchéng 'No!' / 'No way!' / 'Not!'; 真的吗？ zhēnde ma 'Really?'; 手機 shǒujī 'mobile phone'; 傳真 chuán zhēn 'fax'; 喂 wèi 'hello' (for telephone only); 電話號碼 diànhuà hàomǎ 'telephone number'; 幾號？ jǐ hào 'What telephone number?'; 打錯了 dǎcuòle 'call the wrong number'; 占线 zhànxiàn 'busy line'; 接電話 jiē diànhuà 'Answer the phone'; 他能接电话吗？ tā néng jiē diànhuà ma 'Is he available?'; 請等一下 qǐng děng yíxià 'Please wait a moment'; 請留言 qǐng liúyán 'Please leave a message' (verbal); 留字条 liú zìtiáo 'Leave a message' (written); 區域碼 qū yù mǎ 'area code'; 國際 guó jì 'international'; 長途 cháng tú 'long distance'; 直撥 zhíbō 'direct dial'; 電信局 diànxìnjú 'telephone company'; 听筒 tīngtǒng 'receiver'; 拨号盘 bōhàopán 'dial'; 硬币 yìngbì 'coin'; 拨号 bōhào 'dial'; 回答 huídá 'answer'; 铃响 líng xiǎng 'ring'; 声音 shēngyīn 'voice'; 告诉 gàosù 'tell'; <口>请别挂(电话) kǒu qǐng bié guà diànhuà 'hold (on), please'; 挂上(电话) guàshàng diànhuà 'to hang up'; 传真 chuánzhēn 'fax'; 我就是 wǒjiùshì 'Yes, speaking' / 'This is he'; 信息 xìn xī 'message'; 抱歉,他不在 bàoqiàn tā bùzài 'Sorry, he's out'; 午休时间 wǔxiūshíjiān 'lunch break'; 转接 zhuǎnjiē 'transfer'; 抱歉,(请再说一次) bào qiàn qǐng zài shuō yī cì 'Pardon?'

17
体育 Sports
tǐ yù

1. 你最喜欢什么运动？ 'What is your favourite sport?' / 'What sport do you like best?'
   nǐ zuì xǐhuan shénme yùndòng

2. 我最喜欢踢足球。你呢？ 'I like football, and you?'
   wǒ zuì xǐhuan tī zúqiú nǐ ne

3. 我也是。那我们改天一块去踢球吧。 'So do I. Let's go play it someday.'
   wǒ yě shì nà wǒmen gǎitiān yíkuài qù tīqiú ba

4. 我喜欢打乒乓球，可我打得不大好。 'I like to play table tennis, but I'm not a good player.'
   wǒ xǐhuan dǎ pīngpāngqiú kě wǒ dǎ dé bù dàhǎo

5. 我要减肥！ 'I want to lose some weight!'
   wǒ yào jiǎnféi

6. 我每天都运动。 'I exercise every day.'
   wǒ měitiān dōu yùndòng

7. 都做什么运动了？ 'What kind of exercises do you do?'
   dōu zuò shénme yùndòng le

8. 去操场上跑步。 'Run around the track.'
   qù cāochǎng shàng pǎobù

9. wǒ xǐhuan diàoyú hé dǎliè dàn bù xǐhuan yóuyǒng
   我喜欢钓鱼和打猎,但不喜欢游泳。 'I like fishing and hunting, but I don't like swimming.'

10. nǐ xǐhuan shìnèi yùndòng ma
    你喜欢室内运动吗? 'Do you like indoor sports?'

11. wǒ zuì xǐhuan de dōngjì yùndòng shì huáxuě
    我最喜欢的冬季运动是滑雪。 'My favourite winter sport is skiing.'

12. wǒmen chūqù duànliàn yīhuìr ba
    我们出去锻炼一会儿吧。 'Let's go out for some exercise.'

13. nǐ xiǎng pǎopǎobù ma
    你想跑跑步吗? 'Would you like to do some jogging?'

14. wǒ de jīròu yīn dǎ lěiqiú ér suāntòng
    我的肌肉因打垒球而酸痛。 'My muscles are sore from playing baseball.'

15. bǐfēn shì duōshǎo   shuí lǐngxiān
    比分是多少?/谁领先? 'What's the score?' / 'Who is winning?'

16. tāmen lǐngxiān bā bǐ èr
    他们领先,八比二。 'They are leading, 8 to 2.'

17. rúguǒ tāmen yíng le tāmen jiāng dé dìyī
    如果他们赢了,他们将得第一。 'If they win, they'll get the first place.'

18. zhè shì wǒ suǒ kànguò de zuì jīngcǎi de yī chǎng bǐsài
    这是我所看过的最精彩的一场比赛。 'It is the most exciting game I have ever seen.'

19. jìnqiú
    进球! 'Goal!'

20. 裁判员的笛声响了。 cáipànyuán de dí shēng xiǎng le 'There goes the referee's whistle.'

常用词语 Useful Words and Expressions
chángyòng cíyǔ

举办 jǔbàn 'to hold'; 的确 díquè 'really'; 'certainly'; 刺激 cìjī 'exciting'; 兴奋 xīngfèn 'to excite'/'to warm up'; 壮观 zhuàngguān 'wonderful'/'spectacular'; 架势 jiàshi 'posture'/'stance'/'manner'; 说应酬话 shuō yìngchóu huà 'to make conversation'; 足球 zúqiú 'football' (soccer); 橄榄球 gǎnlǎnqiú 'rugby'; 网球 wǎngqiú 'tennis'; 板球 bǎnqiú 'cricket'; 高尔夫球 gāoěrfūqiú 'golf'; 桌球 zhuōqiú 'snooker'; 赛马 sàimǎ 'horse racing'; 打猎 dǎliè 'hunting'; (骑)马术 (qí) mǎshù 'equestrianism'; 钓鱼 diàoyú 'fishing'; 田径运动 tiánjìng yùndòng 'athletics'; 保龄球 bǎolíngqiú 'bowls'; 拳击 quánjī 'boxing'; 赛车运动 sàichē yùndòng 'motor racing'; 疼死了！ téng sǐ le 'The pain is killing me!'; 又红又肿 yòu hóng yòu zhǒng 'It's red and swollen'; 2014 世界杯 shìjièbēi 'World Cup 2014'; 径赛 jìngsài 'track';

排球 'volleyball'; 羽毛球 'badminton'; 手球 'handball'; 摔跤 'wrestle'; 柔道 'judo'; 赛马 'jockey'; 马术 'horsemanship'; 体操 'gymnastic'; 划船 'rowing'; 自行车比赛 'cycling competition'; 号码 'number'; 选手 'player'; 警告 'caution'; 火炬 'torch'; 教练 'coach'; 队长 'captain'; 仲裁 'arbitrator'; 比赛 'game'; 竞赛 'competition'; 冠军 'champion'; 亚军 'runner-up, second place'; 季军 'ternary'; 奥林匹克的 'olympic'; 锦标赛 'tournament'; 金牌 'gold'; 银牌 'silver'; 铜牌 'bronze'; 奖章 'medal'; 比分 'score'; 决赛 'final'; 预赛 'heat'; 半决赛 'semi-final'; 主队 'home team'; 客队 'visiting team'; 劲旅 'valiant troop'; 球星 'soccer star'; 加时 'extra period'; 表演赛 'exhibition game'; 循环赛 'round robin'; 淘汰赛 'elimination game'; 国际比赛 'international game'; 锦标赛 'tournament game'; 个人竞赛 'individual competition'; 团体赛 'team competition'; 新纪录 'new record'; 亚运会 'the Asian Games'; 奥运会 'the Olympic Games'; 户外运动 'outdoor sports'.

18

yóu lǎn
游览 Sightseeing

1. wǒ dìng le yī zhāng qù wēi ní sī de jī piào
   我订了一张去威尼斯的机票。 'I've booked an air ticket to Venice.'
2. zài nà er dāi duō jiǔ
   在那儿呆多久？ 'How long will you be there?'
3. wǒ xiǎng dāi yī zhōu
   我想呆一周。 'I'd like to stay there for a week.'
4. nà me nǐ kě yǐ yóu lǎn yí xià zhè zuò míng chéng le
   那么你可以游览一下这座名城了。 'So you'll have a tour of the famous city.'
5. dāng rán
   当然。 'Certainly.'
6. qǐng gěi wǒ men kàn kan lǚ yóu rì chéng ba
   请给我们看看旅游日程吧。 'Show us our itineraries, please.'
7. xiān qù tài shān ránhòu zuò fēi jī qù sì chuān zuì hòu qù xī zàng
   先去泰山，然后坐飞机去四川，最后去西藏。 'We'll first go to Mount Tai, then go to Sichuan by air, and at last we'll be leaving for Tibet.'

8. zhè ge lǚchéng xūyào duōcháng shíjiān
   这个旅程需要多长时间？ 'How long will this trip take?'

9. zhìshǎo èrshí tiān ba
   至少二十天吧。 'At least twenty days.'

10. qǐngwèn, nǐmen yǒu zhè chéngshì de yóulǎntú ma
    请问,你们有这城市的游览图吗？ 'Excuse me, do you have a tourist map of this town?'

11. wǒ xiǎng yóulǎn zhè chéngshì de míngshèng, yǒu méiyǒu hǎowán de dìfāng
    我想游览这城市的名胜,有没有好玩的地方？ 'I would like to see the famous places in this town. Are there any interesting places to see?'

12. yǒude yǒu hěn duō
    有的, 有很多。 'Yes, there are a lot.'

13. néng tuījiàn jǐ gè guānguāng de hǎo qùchù hǎo ma
    能推荐几个观光的好去处好吗？ 'Would you recommend some places for sightseeing?'

14. zhè chéngshì shénme chūmíng
    这城市什么出名？ 'What's this city famous for?'

15. chá hé sīchóu
    茶和丝绸。 'Tea and silk.'

16. wǒ xiǎng mǎi xiē jìniànpǐn
    我想买些纪念品。 'I'd like to buy some souvenirs.'

17. wǒ xiǎng jiù mǎi zhèxiē le, zǒnggòng shì duōshǎo qián ne
    我想就买这些了, 总共是多少钱呢？ 'I guess that's all. How much will it be all together?'

18. nǐmen yǒu dǎoyóu ma
    你们有导游吗？ 'Do you have a tourist guide?'

19. 请一位会讲英语和华语的导游。 'Please call a tourist guide who can speak both English and Chinese.'
    qǐng yī wèi huì jiǎng yīngyǔ hé huáyǔ de dǎoyóu

20. 我想去旅行。打算去青岛。 'I want to travel. I plan to go to Qingdao.'
    wǒ xiǎng qù lǚxíng. dǎsuan qù qīngdǎo

21. 好主意。你可以享受青岛啤酒与海滨游。 'Good idea. You can enjoy Qingdao beer and Seashore Tour.'
    hǎo zhǔyì. nǐ kěyǐ xiǎngshòu qīngdǎo píjiǔ yǔ hǎibīn you

22. 你喜欢一揽子旅游还是独自旅游？ 'Do you like a package tour or to travel alone?'
    nǐ xǐhuan yī lǎnzi lǚyóu háishì dúzì lǚyóu

常用词语 Useful Words and Expressions
chángyòng cíyǔ

旅客 'tourist', 旅行团 'tour group', 旅游指南 'guide book', 解说 'to explain', 游览车 'sightseeing bus', 游览船 'sightseeing boat', 大人, 成人 'adult', 渡轮 'ferry', 全日游 'full-day tour', 半日游 'half-day tour', 夜间游览 'night tour', 商店 'store'/'shop', 超市（超级市场）'supermarket', 汽车站 'bus stop', 火车站 (railway) 'station', 教堂 'church', 旅馆, 饭店 'restaurant', 人行道

~ 83 ~

'footpath', 红绿灯 hóng lǜ dēng 'traffic light', 路灯 lù dēng 'street light' 电影院 diànyǐngyuàn 'cinema', 风景 fēng jǐng 'scenery', 土特产 tǔ tè chǎn 'local product', 快门 kuàimén 'shutter', 万里长城 wànlǐchángchéng 'the Great Wall', 故宫博物院 gùgōngbówùyuàn (紫禁城 zǐjìnchéng) 'the Palace Museum' (the Forbidden City), 明十三陵 míng shísānlíng 'the Ming tombs', 天安门广场 tiānānménguǎngchǎng 'the Tiananmen Square', 美术馆 měishùguǎn 'the Art Museum', 颐和园 yíhéyuán 'the Summer Palace', 天坛 tiāntán 'the Temple of Heaven', 西山 xīshān (香山 xiāngshān) 'Western Hills (the Fragrance Hill)', 上海城隍庙 shànghǎichénghuángmiào 'Shanghai's Town God's Temple', 玉佛寺 yùfósì 'the Jade Buddha Temple', 外滩 wài tān 'the Bund' 黄山 huáng shān 'Huangshan mountains', 长江 cháng jiāng 'the Changjiang River', 黄河 huáng hé 'Yellow River', 兵马俑 bīng mǎ yǒng 'terracotta warriors and horses', 迪斯尼乐园 dísīnílèyuán 'Disneyland', 魔术 móshù 'magic'/'sorcery'.

19
中国的节假日 Chinese Festivals and Holidays
zhōngguó de jié jià rì

1. 你知道中国有哪些主要节日？ 'Do you know what the main festivals in China are?'
   nǐ zhīdào zhōngguó yǒu nǎxiē zhǔyào jiérì

2. 有春节(中国新年)、元宵节、端午节、清明节、中秋节、教师节、国庆节等等。 'They are the Spring Festival (Chinese New Year's Day), Lantern Festival, Dragon Boat Festival, Tomb-Sweeping Day, Mid-Autumn Day, Teacher's Day, National Day, etc.'
   yǒu chūnjié (zhōngguó xīnnián)、 yuánxiāo jié、 duānwǔ jié、 qīngmíng jié、 zhōngqiū jié、 jiàoshī jié、 guóqìng jié děngděng

3. 你能简要介绍春节庆祝活动吗？ 'Can you briefly introduce the spring festival celebration?'
   nǐ néng jiǎnyào jièshào chūnjié qìngzhù huódòng ma

4. 是的，春节是中国及海外华人最重要的家庭节日。
   shì de, chūnjié shì zhōngguó jí hǎiwài huárén zuì zhòngyào de jiātíng jiérì

zhǔ yào huó dòng yǒu bài nián, chī tuán yuán fàn
主要活动有拜年，吃团圆饭，
chuān xīn yī chú jiù yíng xīn nán nǚ lǎo shào xǐ qì yáng yáng
穿新衣除旧迎新。男女老少喜气洋洋。

'Yes, Spring Festival is the most important family holiday in China and for overseas Chinese. The main activities are wishing sb a happy New Year, family reunion dinner to eat, and wearing new clothes in addition to the old and ushering in the new. Men and women, old and young, are beaming.'

yuán xiāo jié shì zài yīn lì yuán yuè shí wǔ
5. 元宵节是在阴历元月十五，
yě shì qìng zhù zhōng guó xīn nián de zuì hòu yì tiān
也是庆祝中国新年的最后一天。
dàn tā bù shì gōng gòng jié jià rì
但它不是公共节假日。
nà me yuán xiāo jié yǒu xiē shén me qìng zhù huó dòng ne
那么元宵节有些什么庆祝活动呢？ 'The Lantern Festival is celebrated on the fifteenth day of the first Chinese lunar month and traditionally ends the Chinese New Year period. But there is no public holiday for this festival. So, what are some of the celebrations for the Lantern Festival?'

gēn jù bù tóng dì qū yuán xiāo jié fēng sú hé huó dòng yǒu suǒ bù
6. 根据不同地区元宵节风俗和活动有所不
tóng   qí zhōng yǒu dēng guāng hé cǎi sè dēng lóng
同。其中有灯光和彩色灯笼，
xīn shǎng mǎn yuè yè guāng   fàng biān pào cāi dēng mí
欣赏满月夜光，放鞭炮，猜灯谜
chī tāng yuán wǔ shī hé wǔ lóng yǐ jí cǎi gāo qiāo
吃汤圆舞狮和舞龙以及踩高跷。 'Lantern

Festival *customs and activities vary regionally*, including lighting and enjoying (floating, fixed, held, and flying) lanterns, appreciating the bright full moon, setting off fireworks, guessing riddles written on lanterns, eating *tangyuan*, lion dances, dragon dances, walking on stilts, etc.

7. qīng míng jié shì shén me jié rì
清明节是什么节日？ 'What is the Qingming Festival?'

8. qīng míng jié yě jiào sǎo mù jié rì
清明节也叫扫墓节日。tā shì zhōngguó zhòngyào de jié rì yǐ biǎo dá duì xiānrén de sī niàn
它是中国重要的节日以表达对先人的思念hé jìng yì dàng tiān xǔ duō jiā rén dào mù dì zhì āi
和敬意。当天许多家人到墓地致哀，huái niàn qù shì de qīn rén zhè ge jié rì yě
怀念去世的亲人。这个节日也shì rénmen wài chū jiāo yóu jiàozuò tà qīng de rì zǐ
是人们外出郊游，叫做'踏青'的日子。 'The Qingming Festival is also called Tomb Sweeping Day. It is an important day to show respect to ancestors. On that day, many families at the cemeteries will mourn their dead relatives. It is also a time for people to go outside and start enjoying the greenery of spring, the so-called 踏青 *tàqīng*.'

9. duān wǔ jié yǒu shén me qìng zhù huó dòng ne
端午节有什么庆祝活动呢？ 'What is the celebration of Dragon Boat Festival?'

10. duān wǔ jié yīngwén jiào lóngzhōu jié tā shì zhōngguó de chuántǒng
端午节英文叫龙舟节.它是中国的传统jí fǎ dìng jié rì zhǔ yào de qìng
及法定节日。主要的庆

祝风俗习惯是吃粽子和龙舟比赛。'Dragon Boat Festival is also known as Duanwu Festival in Chinese. It is a traditional and statutory holiday in China. The main customs of the celebration include eating rice dumplings (zòngzi) and dragon boat racing.'

11. 中秋节有哪些庆祝活动？'What are some of Mid-Autumn Festival celebrations?'

12. 中秋节英文也叫'月亮节',它是中国仅次于春节最重要的节日。家庭成员一面聚在一起吃团圆饭,一面吃着各种美味月饼赏月。这时也是农民庆祝丰收的节日。'Members of the family gather together for a reunion dinner and to appreciate the moon while eating moon cakes of various flavours. It is also a festival for farmers to celebrate their harvest.'

13. 教师节在中国有些什么庆祝活动？'What are some of Teacher's Day celebrations in China?'

14. 在中国学生们为表达对教师的尊敬,例如赠送礼物,包括贺卡及鲜花。另外,有许多学生回到他们以前的中小学给老教师赠送礼物。 'In China, there are some activities for students to show their appreciation to teachers, such as presenting gifts, including cards and flowers. In addition, many former students will go back to their old primary schools, high schools to give presents to their old teachers.'

15. 中国人怎样庆祝他们的国庆节呢？ 'How do Chinese people celebrate their National Day?'

16. 国庆节那天，有许多大规模全国性活动。人民能享受到著名的'黄金周'。庆祝活动包括在天安门广场的阅兵和游行、升旗仪式、歌舞演出、焰火表演、绘画及书法展览等等。 'On that day, lots of large-scaled activities are held nationwide. People can enjoy the well-known "Golden Week". The celebration includes military review and parade at Tiananmen Square, flag-raising ceremonies, dance and song shows, firework displays, painting and calligraphy exhibitions, etc. These are held to celebrate the National Day.'

常用词语 Useful Words and Expressions

除夕 New Year's Evening；正月 lunar January；初一 the beginning of New Year；端午节 (农历五月初五——the fifth day of the lunar month) Duan Wu Festival or Dragon Boat Festival(龙舟节)；重阳节 (农历九月初九) Chung Yang Festival or Double-ninth Day 腊八节 (农历腊月初八) the laba Rice Porridge Festival；国际劳动妇女节(3月8日)International Working Women's Day；植树节(3月12日) Arbor Day；邮政节(3月20日)Postal Day；世界气象节(3月23日) World Meteorology Day；国际劳动节(5月1日) International Labour Day；中国青年节(5月4日) Chinese Youth Day；护士节(5月12日) Nurses' Festival；国际儿童节(6月1日) International Children's Day

20

tán lùn zhōng guó wén huà
谈论中国文化 Talking about Chinese Culture

  nǐ néng jiǎn yào jiè shào yì xiē zhōng guó wén huà ma
1. 你能简要介绍一些中国文化吗？'Can you briefly introduce some of Chinese culture?'
   kě yǐ   bú guò zhè ge tí mù hěn dà
2. 可以。 不过这个题目很大，
   zhōng guó wén huà bó dà jīng shēn   bù yí dìng néng jiǎng hǎo
   中国文化博大精深，不一定能讲好。
   xià miàn wǒ jiǎn yào jiè shào yí xià zhōng guó yǔ yán wén zì
   下面我简要介绍一下中国语言文字，

měi shù　　zhōng yī　　wǔ shù　　zá jì
美术，中医，武术，杂技，
zhōng guó yǐn shí hé chuán tǒng xì qǔ děng
中国饮食和传统戏曲等。'All right, but this topic is very big. Chinese culture is broad and profound. May I not be able to speak well. Hereinafter I briefly introduce the Chinese language, fine arts, medicine, martial arts, acrobatics, Chinese diet, traditional opera, etc.'

hěn hǎo　　zhōng guó wén huà fēng fù duō cǎi
3. 很好。中国文化丰富多彩，
dāng rán zhǐ néng jiǎn luè jiè shào yí xià
当然只能简略介绍一下。'Good, Chinese culture is rich and colourful, of course. Can only be briefly introduce it.'

shǒu xiān jiè shào yí xià zhōng guó yǔ yán wén zì
4. 首先介绍一下中国语言文字。
hàn zì shì zhōng guó guó yǔ　　yě shì lián hé guó wǔ gè
汉字是中国国语，也是联合国五个
guān fāng yǔ yán zhī yī
官方语言之一。
zhōng guó yǔ yán yǒu jǐ qiān nián de lì shǐ
中国语言有几千年的历史，
céng jīng biàn huà dàn cóng wèi zhōng duàn
曾经变化但从未中断。
hàn zì shì fāng kuài xiàng xíng wén zì
汉字是方块象形文字，
yǐ qián wài guó rén yǎn zhōng lèi sì tiān shū　zì cóng yǒu
以前外国人眼中类似'天书'，自从有
le hàn yǔ pīn yīn yǐ hòu
了汉语拼音以后，

wài guó rén xué hàn yǔ yào róng yì dé duō le
外国人学汉语要容易得多了。
suí zhe zhōng guó guó lì rì yì zhuàng dà
随着中国国力日益壮大，
xiàn zài gè guó xué xí hàn yǔ de rén yuè lái yuè duō le
现在各国学习汉语的人越来越多了，
xíng chéng le xué hàn yǔ hé zhōng guó wén huà cháo
形成了学汉语和中国文化潮。'First to introduce the Chinese language. Mandarin is the national language of China. It is also one of the five official languages of the UN. Chinese language has thousands of years of history, ever changing but never interrupted. It has been estimated that until the eighteenth century, more than half of the world's printed books were in Chinese. Chinese characters are box hieroglyphics. Once upon a time, in the eyes of foreigners, Chinese characters were looked like "sealed books". Since the creation of Chinese Pinyin, learning Chinese for foreigners is much easier than before. With the growing strength of China, now an worldwide learning more and more Mandarin, forming the tide of learning Chinese language and culture.'

5. wèi shén me yào yòng hàn yǔ pīn yīn ne
   为什么要用汉语拼音呢？'Why do you want to use Chinese Pinyin?'

6. hàn yǔ pīn yīn duì yú tuī guǎng zhōng guó yǔ yán hěn zhòng yào
   汉语拼音对于推广中国语言很重要，
   yīn wèi tā cǎi yòng le lā dīng yǔ zhōng
   因为它采用了拉丁语中

除了 v 以外的 25 个字母，读音又近似于英语尤其是印尼语。因此容易被采用人数最多的英语和印尼语的人们所掌握。学者只要掌握拼音规则就可以很容易读取带拼音的汉字。

'Chinese Pinyin, for the promotion of Chinese language, is very important because it uses twenty-five letters of the Latin except letter V. Pronunciation is almost approximate to English, especially Indonesian. So easily by the largest number of English and Indonesian people grasp. learners as long as mastering of the phonetic rules can easily read Chinese characters signed in Pinyin.'

7. 书写汉字很难吗？'Is it difficult to write Chinese characters?'

8. 如果你能掌握汉字的笔画和笔顺规则，那么书写汉字并不难。汉字主要有8个基本笔画。即：点，横，竖，撇，捺，提，折，钩。国家规定的汉字笔顺规则是：先横后竖。例：

<pre>
shí   gàn xiān piě hòu nà   lì   bā   dà cóng shàng dào xià
十， 干；先 撇 后 捺。例：八， 大；从 上   到 下。
    lì   sān   jīng cóng zuǒ dào yòu   lì   dì   shù
例：三， 京 ；从 左 到 右 。例：地， 树 ；
cóng wài dào nèi   lì   yuè   tóng xiān wài hòu nèi zài fēng kǒu
从 外 到 内。例：月， 同；先 外 后 内 再 封 口。
   lì   rì   guó xiān zhōng jiān hòu liǎng biān   lì   xiǎo   shuǐ
例：日， 国；先 中 间 后 两 边 。例：小， 水。
</pre>

'If you can master the strokes and stroke order rules of Chinese characters, then writing Chinese characters is not difficult. There are eight basic strokes in Chinese characters—namely, *the point stroke* 点, *horizontal stroke* 横, *vertical stroke* 竖, *left-falling stroke* 撇, *right-falling stroke* 捺, *turning stroke* 折, *hook stroke* 钩, and *raising stroke* 提。 Chinese character stroke order rules prescribed by the state is *horizontal before vertical*—for example, 十， 干 *left-falling before right-falling*; 八， 大 *from top to bottom*; 三， 京 *from left to right*; 地， 树 *outside before inside*; 月， 同 *after the first outside then sealed*; 日， 国 *centre verticals before outside "wings"*; 小， 水.'

<pre>
                 nǐ néng jiǎn yào jiè shào yí xià zhōng guó měi shù de tè diǎn ma
9. 你 能 简 要 介 绍 一 下 中 国 美 术 的 特 点 吗？
</pre>

'Can you briefly describe the characteristics of Chinese art?'

<pre>
       zhōng guó měi shù zài màn cháng de   lì shǐ jìn chéng zhōng
10. 中 国 美 术 在 漫 长 的 历 史 进 程   中 ，
        bù jǐn yǎn huà chū jiàn zhù   diāo kè   huì huà
    不 仅 演 化 出 建 筑 、 雕 刻、 绘 画、
       gōng yì   zào xíng   děng mén lèi
    工 艺 造 型 等 门 类 ，
</pre>

还形成了不同于西方美术的独特传统与体系。中国建筑艺术，在世界建筑史上是延续历史最长，分布地域最广，有着特殊风格与体系的造型艺术。传统建筑中的各种屋顶造型、飞檐翼角、斗供彩画、朱柱金顶、内外装修门及园林景物等，充分体现出中国建筑艺术的纯熟和感染力。

中国字画与西画相比还有自己独特的特征，表现在其艺术手法、艺术分类、构图、用笔、用墨、上色等多个方面。按照艺术的手法来分，中国字画分为工笔、写意和兼工带写三种形式。'Chinese fine art, in the long course of history, not only evolved into architecture, carving, painting, process modelling, and other categories but also the formation of a different from western art tradition and a unique system. Chinese architectural art, in the history of world architecture, is a continuation of the history of the longest most widely geographical distribution, the plastic art of the special style and system. In traditional architecture, the roof shapes, cornices, wing angle, dipper arch, stained glass, red column, and golden roof, both inside and outside the door, are decorated. The garden's scenery fully embodies the Chinese architectural art of skilful and appeal. It also has its own unique features compared to the Chinese painting and Western painting, manifested in the art, art classification, composition, pen with ink, colour, and so on. According to art, Chinese calligraphy and painting points are meticulous, freehand brushwork in traditional Chinese painting, and work with writing three forms.'

11. zhōng guó yī xué shì shì jiè shàng dì sān gè gǔ lǎo de yī xué
中国医学是世界上第三个古老的医学,

qí lì shǐ fā zhǎn zài āi jí hé bā
其历史发展在埃及和巴

bǐ lún yī xué zhī hòu
比伦医学之后。

nǐ néng jiǎn yào jiè shào zhōng yī de tè diǎn ma
你能简要介绍中医的特点吗? 'Chinese medicine is the world's third ancient medicine. Its historical development in medicine is after Egypt

and Babylon. Can you briefly introduce the characteristics of traditional Chinese medicine?'

12. 几千年来，中国历史都是孤立发展，
jǐ qiān nián lái zhōng guó lì shǐ dōu shì gū lì fā zhǎn

如今中华文化广泛流传，
rú jīn zhōng huá wén huà guǎng fàn liú chuán

中医正在欧洲或西方悄然兴起。
zhōng yī zhèng zài ōu zhōu huò xī fāng qiǎo rán xīng qǐ

师授家传是中医教育的主要形式。
shī shòu jiā chuán shì zhōng yī jiào yù de zhǔ yào xíng shì

中国传统医学，是研究人体生理、
zhōng guó chuán tǒng yī xué, shì yán jiū rén tǐ shēng lǐ

病理，
bìng lǐ

以及疾病的诊断和防治等的一门学科。
yǐ jí jí bìng de zhěn duàn hé fáng zhì děng de yì mén xué kē

它承载着中国古代人民同疾病作斗争
tā chéng zài zhe zhōng guó gǔ dài rén mín tóng jí bìng zuò dòu zhēng

的经验和理论知识，
de jīng yàn hé lǐ lùn zhī shí

通过长期医疗实践逐步形成并发展成
tōng guò cháng qī yī liáo shí jiàn zhú bù xíng chéng bìng fā zhǎn chéng

的医学理论体系。
de yī xué lǐ lùn tǐ xì

中医学经受了历史长河变迁的洗刷，
zhōng yī xué jīng shòu le lì shǐ cháng hé biàn qiān de xǐ shuā

为人类的生存繁衍作出了重要贡献。
wéi rén lèi de shēng cún fán yǎn zuò chū le zhòng yào gòng xiàn

中医学以阴阳五行作为理论基础，
zhōng yī xué yǐ yīn yáng wǔ xíng zuò wéi lǐ lùn jī chǔ

将人体看成是气、形、神的统一体，
jiāng rén tǐ kàn chéng shì qì, xíng, shén de tǒng yī tǐ

tōngguòwàng wén wèn qiè sì zhěn hé cān de fāng fǎ
通过望、闻、问、切，四诊合参的方法，
tàn qiú bìng yīn bìng xìng bìng wèi
探求病因、 病性、 病位、
fēn xī bìng jī jí rén tǐ nèi wǔ zàng liù fǔ jīng luò guān jié
分析病机及人体内五脏六腑、经络关节、
qì xuè jīn yè de biàn huà pàn duàn xié zhèng xiāo zhǎng
气血津液的变化、 判断邪正消长，
jìn ér dé chū bìng míng guī nà chū zhèng xíng
进而得出病名， 归纳出证型，
yǐ biàn zhèng lùn zhì yuán zé zhì dìng shǐ yòng zhōng yào
以辨证论治原则，制定使用中药、
zhēn jiǔ tuī ná àn mó bá guàn qì gōng
针灸、 推拿、 按摩、 拔罐、 气功、
shí liáo děng duō zhǒng zhì liáo shǒu duàn
食疗等多种治疗手段，
shǐ rén tǐ dá dào yīn yáng tiáo hé ér kāng fù
使人体达到阴阳调和而康复。'For thousands of years, Chinese history is isolated development. Now widely circulated on the Chinese culture. Now traditional Chinese medicine (TCM) is rising quietly in Europe or the West. Teachers' teachings and family passing are the main forms of Chinese medicine education, and it still exists today. TCM as a discipline refers to the traditional Chinese medicine, research of human physiology, pathology, diagnosis, and prevention of diseases. It carries the experience and theoretical knowledge of Chinese people in ancient times in conflict with diseases through long-term medical practice gradually formed and developed into a theoretical system of medicine. TCM has withstood the history change

washing for human survival and reproduction, which made important contributions. Traditional Chinese medicine using yin and yang opposites and five elements as the theoretical foundations. The human body is a unity of gas, shape, and spirit. Illness sex, illness position, analysis of the pathogenesis, human vital organs, contact joints, gas, blood and body fluid, judge evil is ebb and flow. Then draw the name of disease, summed up the type of syndrome differentiation treatment principle, decide the use of traditional Chinese medicine, acupuncture, massage, rubdown, cupping, qigong, diet and other means so that the body will reach the yin-and-yang harmony and rehabilitation.'

13. ' zhōng guó gōng fu jǔ shì wén míng
     中 国 功 夫 ' 举 世 闻 名 。
    nǐ néng jiǎn luè jiè shào zhōng guó wǔ shù ma
    你 能 简 略 介 绍 中 国 武 术 吗？ 'Chinese kung fu is known to the world. Can you briefly introduce Chinese martial arts?'

14. zhōngguógōng fu jí zhōngguówǔshù shì jiāng jì jī yù yú bó dòu
    中 国 功 夫 即 中 国 武 术，是 将 技 击 寓 于 搏 斗
    hé tào lù yùndòng zhī zhōng de zhōngguó
    和 套 路 运 动 之 中 的 中 国
    chuán   tǒng   wén   huà
    传   统   文   化   。
    qí hé xīn sī xiǎng shì rú jiā de zhōng hé yǎng qì zhī shuō tóng shí
    其 核 心 思 想 是 儒 家 的 中 和 养 气 之 说 同 时
    jiān róng le dào jiā   shì jiā de sī xiǎng
    兼 容 了 道 家、 释 家 的 思 想 。

中国武术源远流长、流派林立、拳种繁多，讲究刚柔并济、内外兼修，蕴含着先哲们对生命和宇宙的参悟。后世所称十八般武艺，主要指：徒手拳艺，如太极拳、形意拳、八卦掌等；器械功夫，如刀枪剑戟、斧钺钩叉等。

'Chinese kung fu, or Chinese martial arts, carries traditional Chinese culture in abundance. It is a traditional Chinese sport which applies the art of attack and defence in combat and the motions engaged with a series of skills and tricks. The core idea of Chinese kung fu is derived from the Confucian theory of both 'the mean and harmony' and 'cultivating qi' (otherwise known as nourishing one's spirit). Meanwhile, it also includes thoughts of Taoism and Buddhism. Chinese kung fu has a long history with various sects and many different boxing styles and emphasizes coupling hardness with softness and internal and external training. It contains the ancient great thinkers' pondering of life and the universe. The skills in wielding the eighteen kinds of weapons named by later generations mainly involve the skills of barehanded boxing (such as shadow boxing or *taijiquan*), form and will boxing (*xingyiquan*), eighttrigram palm (*baguazhang*), and the skills of kung fu weaponry, such as the skill of using swords, spears, two-edged swords, halberds, axes, tomahawks, kooks, prongs, and so on.'

15. zhōngguó zá jì yǎnyuán zài guó jì bǐ sài zhōng lǚ cì huòjiǎng
中国杂技演员在国际比赛中屡次获奖,
zhōng guó chéng wéi jǔ shì gōng rèn de dì yì zá jì dà guó
中国成为举世公认的'第一杂技大国'。
nǐ néng jiǎn luè jiè shào zhōng guó zá jì ma
你能简略介绍中国杂技吗? 'Chinese acrobatics has won many prizes in international competitions, and China has become universally recognized as the first acrobatics power. Can you briefly introduce Chinese acrobatics?'

16. zhōngguó zá jì shì lì shǐ yōu jiǔ de chuántǒng biǎoyǎn yì shù zhī yī
中国杂技是历史悠久的传统表演艺术之一。
zhōngguó zá jì tè bié
中国杂技特别
zhòng shì yāo tuǐ dǐng gōng de xùn liàn zhōng guó zá jì yì rén
重视腰腿顶功的训练,中国杂技艺人,
zhǔnquè de jì qiǎo hé qiānchuíbǎiliàn de yìng
准确的技巧和千锤百炼的硬
gōng fu rú zǒugāng sī zhōngzhǒngjīngxiǎn de biǎoyǎn
功夫。如"走钢丝"中种种惊险的表演,
dōu yāo qiú wěn qīng zhòng bìng jǔ
都要求'稳';轻重并举,
ruǎn yìng gōng fu xiāng fǔ xiāng chéng rú dēng jì jié mù
软硬功夫相辅相成。如"蹬技"节目;
chāorén de lì liàng yǔ qīng jié língqiǎo de gēndòu jì yì xiāng jié hé
超人的力量与轻捷灵巧的跟斗技艺相结合。
lì rú zài dāng dài de qiān jīn dān jié mù zhōng
例如,在当代的《千斤担》节目中,

~ 102 ~

一位老演员手举脚蹬同时举起四付石担和七、八个演员，负重达千斤以上，表现了超人的力量；古朴的工艺美术与形体技巧的结合。例如，'耍坛子'、'转碟'等表演把中国的瓷绘艺术与杂技交融在一起；中国杂技有着严密的师承传统，又与姐妹艺术关系密切。中国杂技的每一种技艺都是代代相传，但同时它又从戏曲、舞蹈、武术中吸收了大量的营养。这些艺术特色构成了中国杂技的独特魅力。

'Chinese acrobatics has a long history of traditional performing arts. Chinese acrobatic skills training and pay special attention to the top China acrobats should have a solid foundation of martial arts, insurance striving, dynamic and static, shows a calm, ingenious, accurate, and strong skills, such as thoroughly tempered husband. A tightrope is stable and heavy simultaneously, and various breath taking performances complement one another, such as the kung fu pedal technology program, strength and dexterity of the superman, nimble somersault technologies. For example, in the contemporary *Jin Dan* show, an old actor holding a pedal while holding up four pay stone bears and seven, eight and an actor who weighs about a thousand pounds or more negative showed superhuman strength and a combination of arts and crafts skills form simple. For example, in the 'playing the jar', the performance of the Chinese porcelain art painting and acrobatics blend together. Chinese acrobatics have strict traditional apprenticeship and has a close relationship with the sister arts. Every kind of skill in Chinese acrobatics are passed down from one generation to the next, but at the same time, it absorbs a large amount of nutrients from the opera, dance, martial arts. These artistic characteristics constitute the unique charm of Chinese acrobatics.

17. zhōng guó shì wén míng gǔ guó
中 国 是 文 明 古 国 ,
yì shì zhōng guó yōu jiǔ yǐn shí wén huà zhī fā yuán dì
亦 是 中 国 悠 久 饮 食 文 化 之 发 源 地 。
zhòng suǒ zhōu zhī
众 所 周 知
zhōng cān guǎn biàn bù quán shì jiè
中 餐 馆 遍 布 全 世 界 。
nǐ néng gài yào jiè shào zhōng guó yǐn shí de tè diǎn ma
你 能 概 要 介 绍 中 国 饮 食 的 特 点 吗? 'China

is a country with an ancient civilization and is also the birthplace of China's long food culture. As everyone knows, Chinese restaurants are spread all over the world. Can you briefly introduce the characteristics of the Chinese diet?'

18. zhōng guó yǐn shí wén huà shì zhōng huá gè zú rén mín zài
中国饮食文化是中华各族人民在
yí yì duō nián de shēng chǎn hé shēng huó shí jiàn zhōng
一亿多年的生产和生活实践中，
zài shí yuán kāi fā   shí jù yán zhì   shí pǐn tiáo lǐ
在食源开发、食具研制、食品调理、
yíng yǎng bǎo jiàn hé yǐn shí shěn měi děng fāng miàn chuàng zào
营养保健和饮食审美等方面创造、
jī lěi bìng yǐng xiǎng zhōu biān guó jiā hé shì jiè de wù zhì cái fù jí
积累并影响周边国家和世界的物质财富及
jīng shén cái fù   zhōng guó shí yī jié hé
精神财富。中国食医结合。
zhè shì quán miàn shì yìng rén tǐ xū yào hé bǎo jiàn zhé lǐ de měi miào
这是全面适应人体需要和保健哲理的美妙
jié hé   suǒ yǐ yòu chēng zhōng huá měi shí
结合。所以又称'中华美食'。 'Chinese food culture is the Chinese people of all ethnic groups in more than a hundred million years of production and life practice in food source development; utensils research; food preparation; nutrition, health, dietary, and aesthetic creation; and accumulation. And it's affected between neighbouring countries and the world of material wealth and spiritual wealth. A combination of food and medicine, it fully meets the wonderful combination of human-need-and-health

philosophy. So it is also called delicious Chinese food.

19. tōng guò nǐ yǐ shàng jiè shào
    通 过 你 以 上 介 绍 ,
    shǐ wǒ duì zhōngguó wǔ qiānnián gǔ lǎo yòu chuàngxīn de wénhuà yǒu
    使我对中国五千年古老又创新的文化有
    le gài lüè de liǎo jiě zhēn shì dà kāi yǎn jiè
    了概略的了解, 真是大开眼界。
    gèng tí gāo le wǒ xué xí yán jiū zhōngguó wénhuà de xìng qù hé
    更提高了我学习研究中国文化的兴趣和
    yuàn wàng
    愿 望 。
    zuì hòu qǐng nǐ jiǎnyào jiè shào yí xià zhōngguó chuántǒng xì qǔ hǎo
    最后请你简要介绍一下中国传统戏曲好
    ma fēi cháng gǎn xiè
    吗? 非常感谢! 'Through your above introduction, let me have a rough understanding about the 5,000 of Chinese ancient and innovation culture; it is really an eye-opener—more to increase my interest and desire in study of Chinese culture. Finally, could you please briefly introduce the traditional Chinese opera? Thank you very much!

20. xì qǔ shì zhōng guó hàn zú chuán tǒng yì shù zhī yī
    戏曲是中国汉族传统艺术之一,
    jù zhǒng fán duō yǒu qù biǎo yǎn xíng shì zǎi gē zǎi wǔ
    剧种繁多有趣, 表演形式载歌载舞,
    yòu shuō yòu chàng yǒu wén yǒu wǔ jí chàng zuò niàn
    又说又唱, 有文有武,集"唱、做、念、
    dǎ yú yì tǐ zài shì jiè xì jù shǐ shàng dú shù yī zhì
    打"于一体,在世界戏剧史上独树一帜,

其主要特点，以京剧为例，一是男扮女（越剧中则常见为女扮男）；二是划分生、旦、净、丑四大行当；三是有夸张性的化装艺术--脸谱；四是'行头'(即戏曲服装和道具有基本固定的式样和规格）；五是利用'程式'进行表演。中国五大戏曲剧种是：京剧、越剧、黄梅戏、评剧、豫剧。我国各民族地区的戏曲剧种，约有三百六十种，传统剧目数以万计。

'Opera is one of Chinese traditional art, drama, and different interesting singing and dancing performances. Say and sing have *Wen Wu*—singing, doing, reading, playing in one. It is unique in the world history of drama. Its main features are: In Beijing, for example, one is of a man disguised as a woman (Shaoxing opera is common for disguises herself as a boy), and another is about dividing life, *dan*, net, and four ugly professions. The third is exaggerated make-up art—Facebook. Fourth is the wardrobe (i.e. opera costumes and props) for fixing the basic styles and sizes. The fifth is performed using the 'program'. China's five major operas are Peking opera, Yuju opera, Shaoxing opera, Huangmei opera, Pingju opera. In the ethnic areas of opera drama, there are about three hundred and sixty, and tens of thousands of traditional repertoires.

常用词语 Useful Words and Expressions
chángyòng cí yǔ

宗教 (zōng jiào) 'religion'; 耶稣教 (yē sū jiào) 'Protestantism'; 天主教 (tiān zhǔ jiào) 'Catholicism'; 佛教 (fó jiào) 'Buddhism'; 伊斯兰教 (yī sī lán jiào) 'Islamism'; 崇拜 (chóng bài) 'worship'; 偶像 (ǒu xiàng) 'fetish'; 多元文化 (duōyuánwénhuà) 'multicultural'; 种族主义 (zhǒng zú zhǔ yì) 'racialism'; 友谊 (yǒu yì) 'friendship'; 云 (yún) 'cloud'; 雷电 (léi diàn) 'thunder and lightning'; 远古的 (yuǎn gǔ de) 'ancient'; 灸术 (jiǔ shù) 'moxibustion'; 龙 (lóng) 'dragon'; 凤凰 (fèng huáng) 'phoenix'; 中国传统医学 (zhōng guó chuán tǒng yī xué) 'traditional Chinese medicine' (TCM); 冲剂 (chōng jì) 'dissolved medicines'; 擀饺子皮 (gǎn jiāo zǐ pí) 'rolled-out dumpling wrappers'; 刮痧 (guā shā) 'scraping'; 十二生肖 (shí èr shēng xiào) 'twelve zodiac'; 充值卡 'rechargeable card'; 出入平安 'Safe trip wherever you go'; 处理品 'items for disposal'; 触摸屏 'touchscreen'; 传媒 'media'; 创意 'create new ideas or concepts'; 春运 (passenger) 'transport during the Spring Festival'; 纯净水 'purified water'; 促销 'promote sales'; 'promotion'; 存款单 'certificates of deposits'; 打包儿 'use doggy bags to take food home'; 打工 'do work for others'; 打卡机 'punch machine'; 大案要案 'major cases'; 大路货 '1. cheap goods', '2. popular goods of fine quality'; 大排档 'food stall'/'sidewalk snack booth'; 代销店 'commission agent'; 待业 'job waiting'; 弹道导弹 'ballistic missile'; 淡季 'dead-or-slack season'; 当前用户 'active user'; 当作耳旁风 'turn a deaf ear to something'; 挡箭牌 'excuse'/'pretext'; 奥委会 'Olympic committee'; 安理会 'Security Council'; 《本草纲目》 *Compendium of Materia Medica*; 拜年 'pay New Year call'; 便携式电脑

'portable computer'/'laptop'; 蹦迪 bèng dí 'disco dancing'; 保龄球 bǎolíng qiú 'bowling'; 保质期 bǎo zhì qī 'guarantee period'; 报销 bàoxiāo 'apply for reimbursement'; 兵马俑 bīng mǎ yǒng 'terracotta figures'; 博士生 bó shì shēng 'PhD candidate'; 博士后 bó shì hòu 'postdoctoral'; 充值卡 chōng zhí kǎ 'rechargeable card'; 地区差异 dì qū chā yì 'regional disparity'; 多媒体 duōméi tǐ 'multimedia'; 恭喜发财 gōng xǐ fā cái 'May you be prosperous!' / 'Wish you prosperity!'; 《红楼梦》 hóng lóu mèng A Dream in Red Mansions; 红包 hóng bāo (neutral) 'red paper containing money as a gift'; 甲骨文 jiǎ gǔ wén 'oracle bone inscriptions'; 金玉满堂 jīn yù mǎn táng 'Treasures fill the home'; 举杯 jǔ bēi 'propose a toast'; 局域网 jú yù wǎng 'local area network' (LAN); 京剧人物脸谱 jīng jù rén wù liǎn pǔ 'types of facial make-up in Beijing opera'; 敬老院 jìng lǎo yuàn 'home for the aged'; 口头禅 kǒu tóu chán 'pet phrase'; 开门红 kāi mén hóng 'to begin well', 'to make a good start'; 离退办 lí tuì bàn 'office for the affairs of the retired workers'; 礼尚往来 lǐ shàng wǎng lái 'courtesy calls for reciprocity'; 蓝牙技术 lán yá jì shù 'Bluetooth'; 录取分数线 lù qǔ fēn shù xiàn 'enrolment mark'; 《论语》 lún yǔ

Analects of Confucius; 《聊斋志异》 liáo zhāi zhì yì Strange Tales of a Lonely Studio; 美食节 měi shí jié 'gourmet festival'; 民以食为天 mín yǐ shí wéi tiān 'People regard food as their prime want', 'Food, the first necessity of man'; 莫失良机 mò shī liáng jī 'Make hay while the sun shines'; 弄巧成拙 nòng qiǎo chéng zhuō 'Be too smart by half' / 'Cunning outwits itself'; 纳税人 nà shuì rén 'taxpayer'/'tax bearer'; 帕金森症 pà jīn sēn zhèng 'parkinsonism'; 批发市场 pī fā shì chǎng 'wholesale market'; 评头论足 píng tóu lùn zú 'nitpick'; 敲竹杠 qiāo zhú gàng 'make somebody pay through the nose' / 'put the lug on'; 清明节 qīng míng jié 'Pure Bright Festival'/'Tomb Sweeping Day'; 全球变暖 quán qiú biàn nuǎn 'global warming'; 瑞雪兆丰年 ruì xuě zhào fēng nián 'A timely snow promises a good harvest'; 人之初,性本善 rén zhī chū, xìng běn shàn 'Man's nature at birth is good'; <<史记>> shǐ jì Shi Ji/Historical Records; 旗袍 qí páo 'cheongsam'/'qipao'; 上马 shàng mǎ 'start a project'; 生意兴隆 shēng yì xīng lóng 'Business flourishes'; 三连冠 sān lián guàn 'three successive championships'; 四大金刚 sì dà jīn gāng 'four heavenly guardians at the entrance to a Buddhist temple'; 'four deva rajas'; 司仪 sī yí 'MC' (master of ceremonies);

《三国演义》 sān guó yǎn yì Romance of the Three Kingdoms; 《水浒传》 shuǐ hǔ zhuàn Heroes of the Marshes/Water Margins; 《山海经》 shān hǎi jīng Classic of Mountains and Rivers; 脱口秀 tuō kǒu xiù 'talk show'; 团结就是力量 tuán jié jiù shì lì liàng 'Unity is strength'; 唐装 táng zhuāng 'traditional Chinese garments' (clothing); 同乡会 tóng xiāng huì 'an association of fellow provincials or townsmen'; 网友 wǎng yǒu 'net friend'; 网吧 wǎng ba 'Internet bar'; 《西厢记》 xī xiāng jì Romance of West Chamber; 《西游记》 xī yóu jì Pilgrimage to the West/Journey to the West; 晕菜 yūn cài 'numbed'/'dumbfounded'; 中国结 zhōng guó jié 'Chinese knot'; 《资治通鉴》 zī zhì tōng jiàn History as a Mirror

About the Book

Practical Mandarin Conversation is a book that contains only twenty topics which focuses on the teaching and learning materials of Chinese language and culture. These are the features of this book:

(1) Each Chinese character is marked with Chinese Pinyin (including four *tones*) in order to facilitate the readers in reading, a characteristic that other Chinese teaching materials do not have;

(2) All contents focus on introducing the Chinese culture, its natural and humanistic landscape;

(3) Most of the topics are limited to about two pages;

(4) Each topic is made up mainly of practical and simple sentences;

(5) Each topic is limited to twenty sentences; and

(6) Lots of useful Chinese words and expressions are added in each topic. The last topic is more comprehensive and is a brief introduction of Chinese culture; it is especially very helpful for foreign readers to understand briefly the Chinese culture.

Therefore, it is a study and teaching material of Chinese language and culture which is suitable for all age groups and levels.

关于本书：

"实用汉语会话"是一本只有20个话题着重教授及学习中国语言文化的教材。

本书的特点是

1，每个汉字都注以汉语拼音（包括四声），以便于读者自己阅读。这是其他汉语教材所不具有的特点；

2，内容着重介绍中国文化，自然及人文景观；

3，大部分标题均限制在两页左右；

4，每个标题主要由实用和简单的句子组成；

5，每一标题均限制在20句以下；

6，每个标题都附以许多常用的汉字及词语。最后一章比较全面而简略地介绍中国文化，可能对外国读者简略了解中国文化会有所帮助。因此，本书是一本适合于各个年龄段和文化水平的读者采用的学习中国语言。

About the Author

Frank Lee, professor, was born in Jakarta. After graduation from senior high school, he served as a primary school teacher in Indonesia.

In China, after graduated from the University of Dalian Technology, he was engaged in teaching and research at universities in Changchun and Qingdao cities. He has taken charge in setting up the Specialty of Machine Design and Manufacture in the Ocean University of China and taken part in several ocean and machine research.

After immigrated to Australia, he has been teaching the Mandarin Chinese language up to now.

关于作者：

李贵立，教授

出生于雅加达。

高中毕业后在印尼担任小学教师。

在中国，毕业于大连工学院(今大连理工大学）后，在长春，青岛市担任大学里的教学和研究工作。

曾在中国海洋大学负责建立机械设计及制造专业。并从事一些海洋科学及机械研究工作。

移民到澳洲以后，从事汉语教学工作至今。

www.ingramcontent.com/pod-product-compliance
Lightning Source LLC
Chambersburg PA
CBHW060045230426
43661CB00004B/668